古泉雅集錢拓

第一冊

錢拓 第一冊 目錄

古泉雅集成立沿革

中國有五千年悠久的歷史和文化，其中歷代古錢是先人留傳下來的遺產，本會於二〇〇一年二月十一日集合對歷代古錢文化研究有興趣、心得、成就者，聚集一堂研討、鑑賞、切磋，會後決定每月固定聚會一次，並由會員輪流作東聚餐，會中每人提出對古泉研究、考證、鑑定報告，並提供古錢實物供成員鑑賞；且編列《古泉雅集叢書》。每年輪流由數位會員主編，出版錢譜及會內收藏品，供愛好古錢人仕閱讀，希提振古錢收藏與研究風氣。

會員：對古泉研究、鑑定或收藏有成就者始得加入，入會時須經全体會員一致同意，入會後固定聚會不可無故缺席；聚會時須提出古泉研究、考證心得報告或提供古泉藏品供成員鑑賞。

會友：無任何資格限制。只要是古泉的愛好者皆可加入會友，入會後也無需負任何責任與義務；並可參加會內聚餐，參與開會一同研討。

古泉雅集每次聚會所發表的研究文章，已張貼在部落格網站，歡迎大家來瀏覽，網址是：http://tw.myblog.yahoo.com/oldcoin-club

本會聯絡電子郵件信箱為：hyec_lai@hotmail.com

古泉雅集序

蔡養吾

嚶鳴求友乃人類合群活動中最重要之一環。六七之志雷同，假古泉為橋樑，以求古泉學術之研習、貫通及發揚。爰於庚辰歲暮之日，首敘小酌，各抒頻年以來見聞知新，加以爬梳，供雅集同仁共賞，兼共評隙。雅集同仁既具一致之志趣，更冀胸境之廣闊以慊慊君子之風度，不慍不躁，討論學術，容有異見，亦秉從善如流之要旨，止於至善。是故論古剛愎傲態自大者當難於為伍，攻訐他人多生是非者，更非吾雅集中所宜者。

中國古泉之學近年來日見沉淪，非起有心人士登高作呼，實不足以挽此頹風。古泉風氣之不彰其要因源於贋品充斥市場，雅集同仁咸願振臂直呼辨別真偽臆造以杜絕泉市之亂源，並以秉燭燃犀之精神，銘之典冊，誌於楮帛，不讓曩時前賢壽泉之會專美於前。

多字聳肩空首布（□□黃釿）

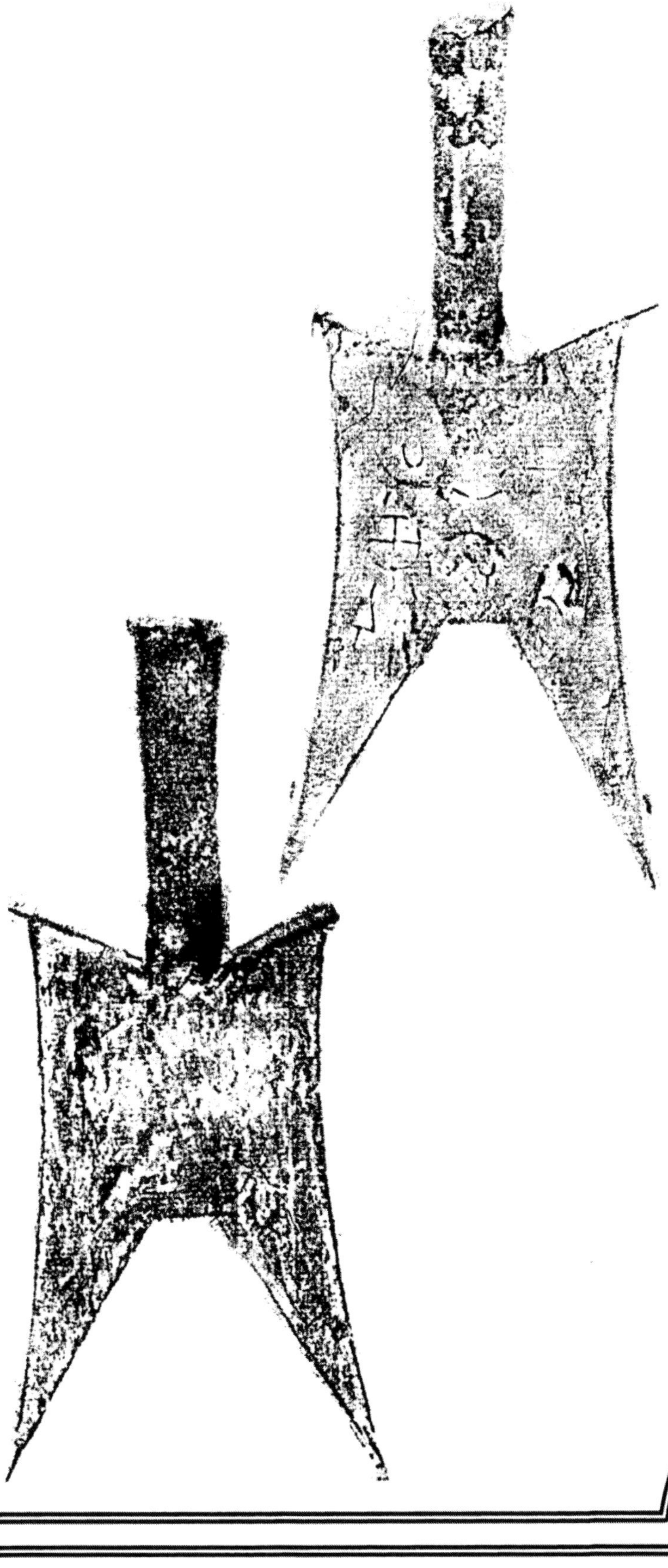

蔡啓祥藏

平肩弧足空首布 二

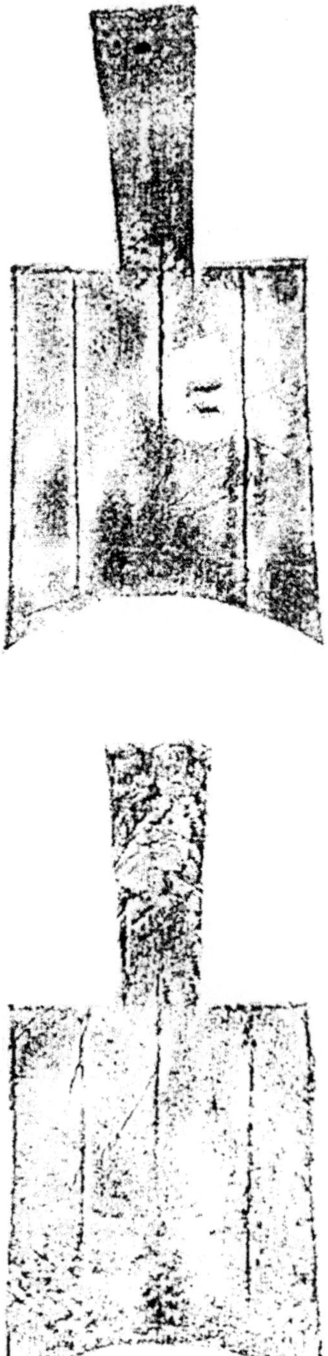

張豐志藏

平肩弧足空首布 十

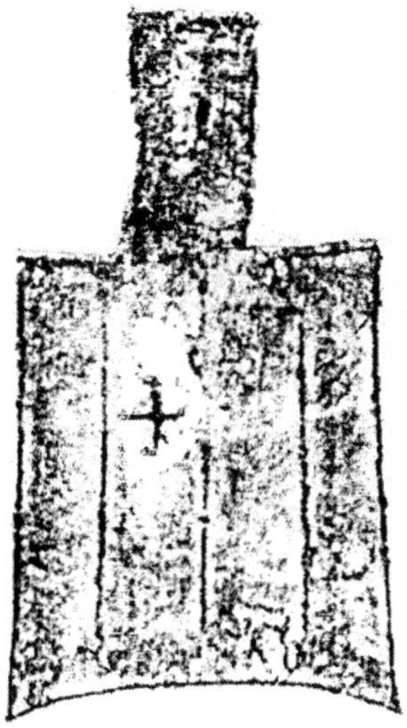

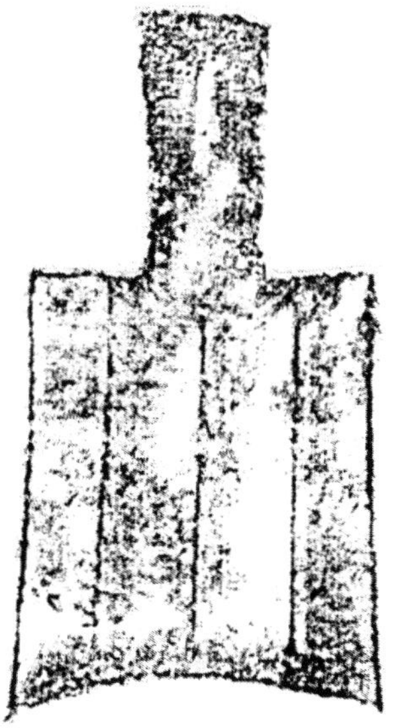

張豐志藏

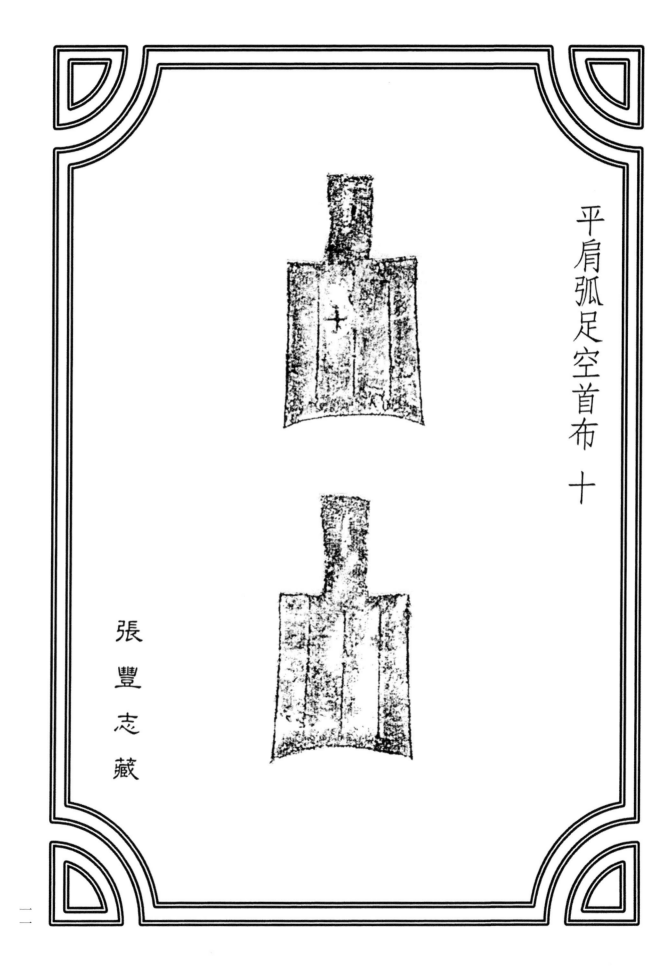

斜肩弧足空首布　武安

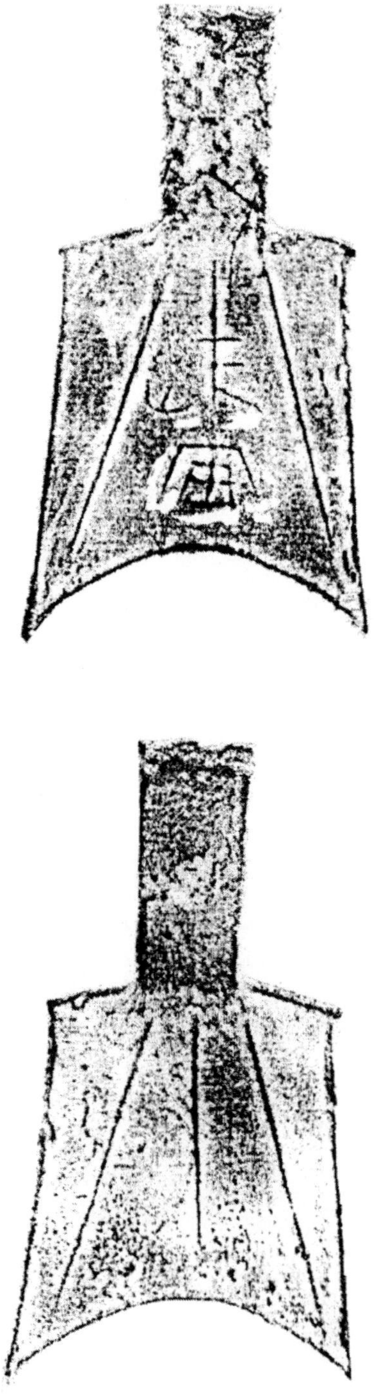

張豐志藏

平肩弧足空首布 安藏（省筆？）

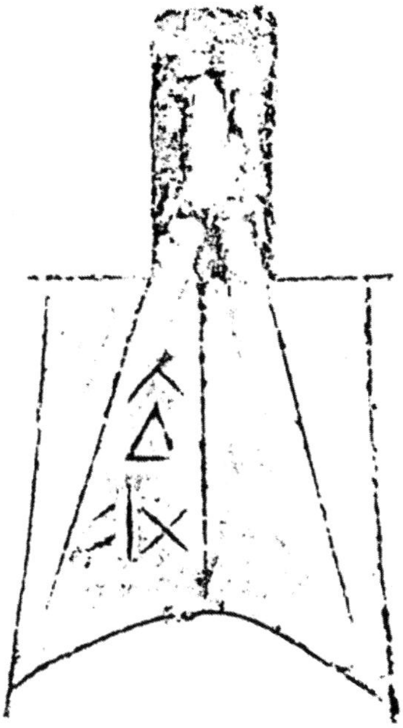

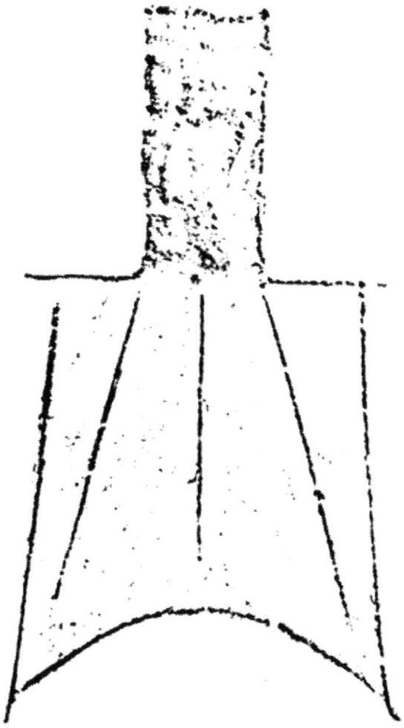

張豐志藏

平肩弧足空首布 官考（今釋：官市）

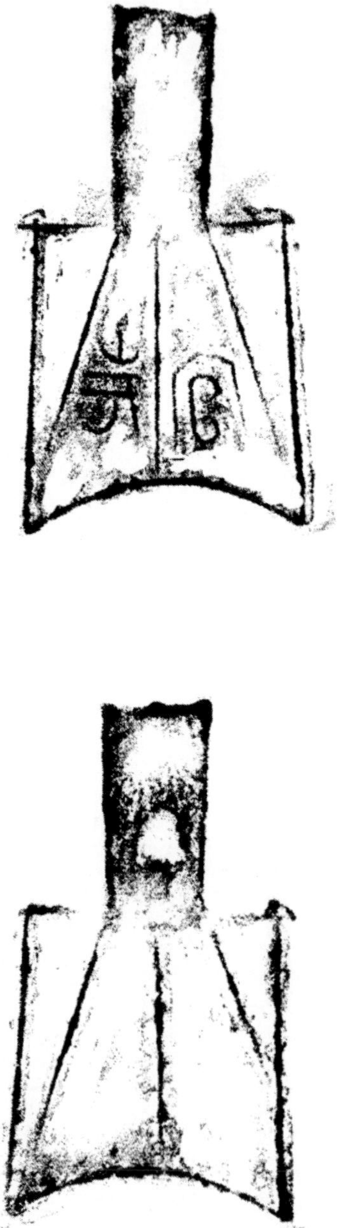

王紀耕藏

平肩弧足空首布　文貨

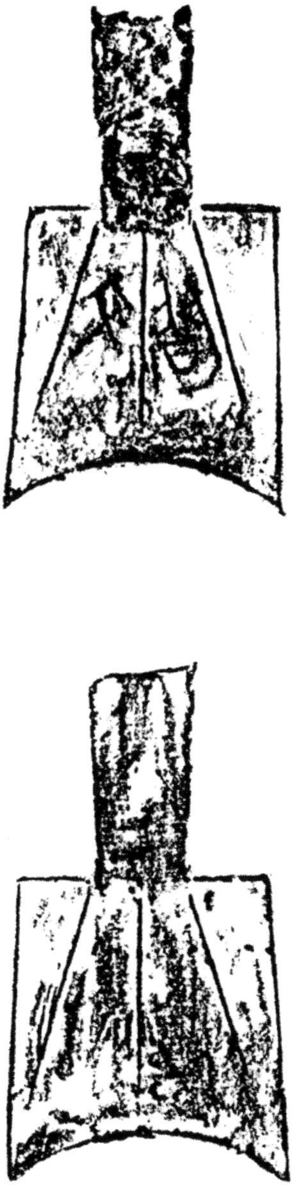

張豐志藏

離石・背五八

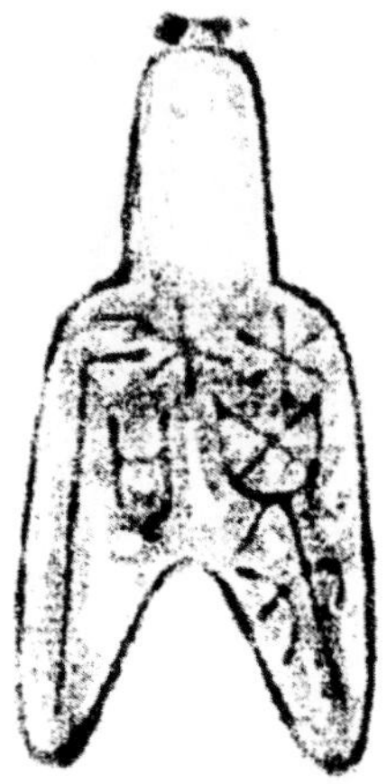

賴立川藏

離石・背廿

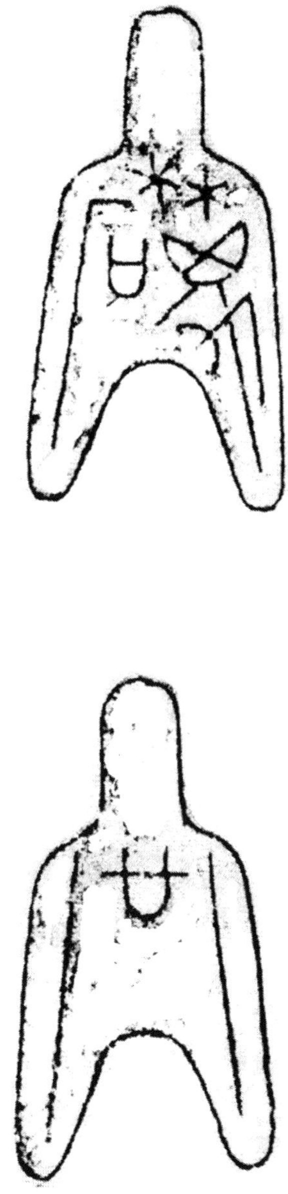

張豐志藏

閃・背六五

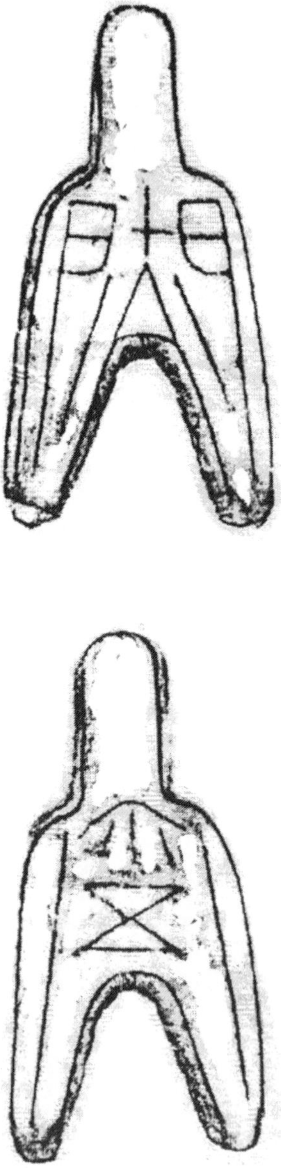

張豐志藏

閃·背十一

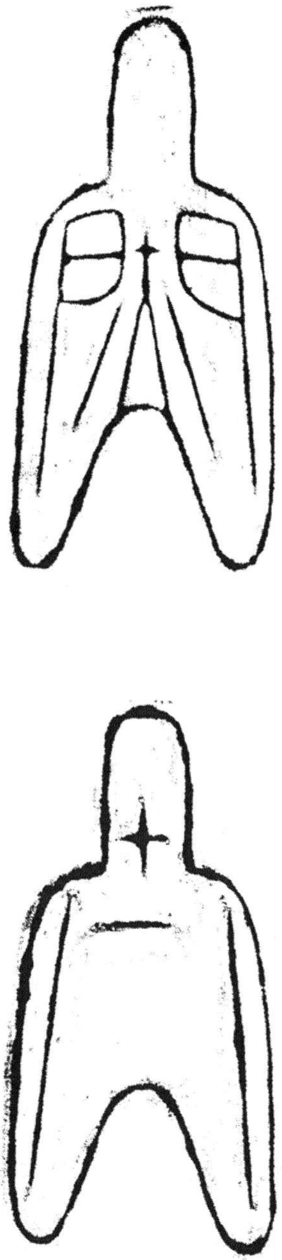

賴立川藏

陰晉半釿
陰晉一釿

張豐志藏

安邑半釿

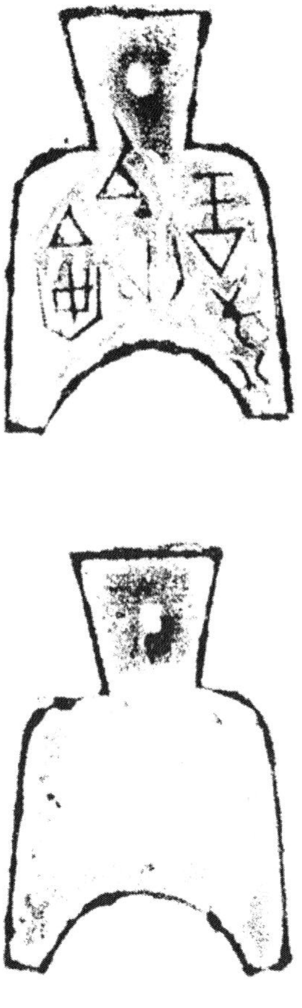

王紀耕藏

安陰

安陰一

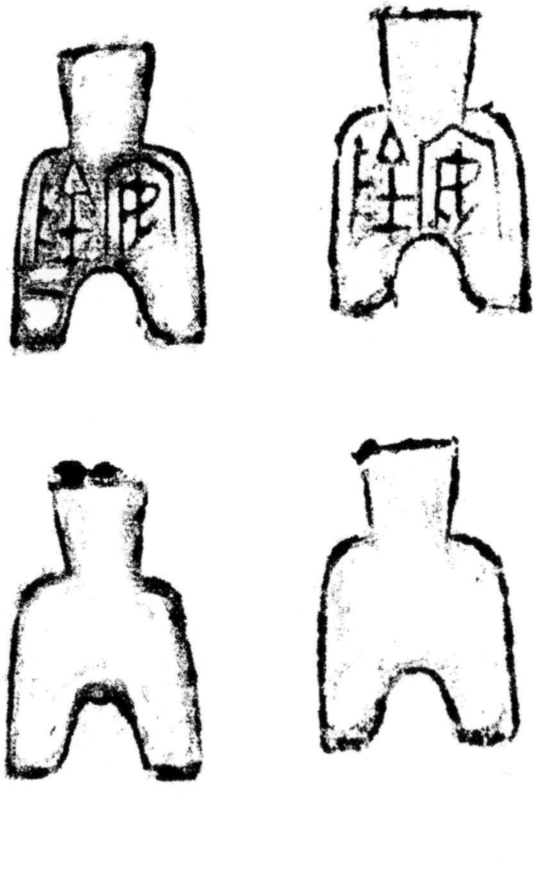

王紀耕藏

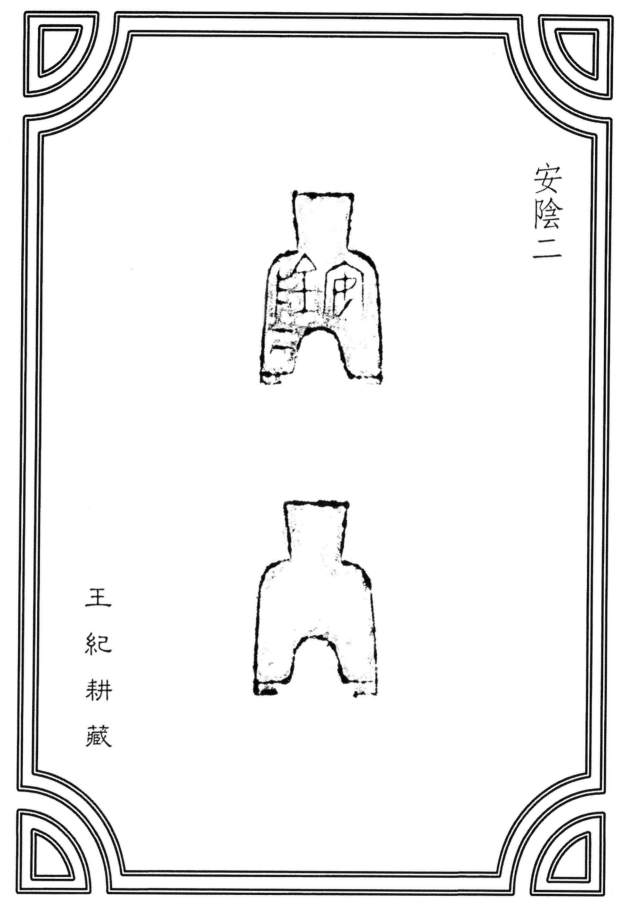

安陰二

王紀耕藏

梁半釿
梁一釿

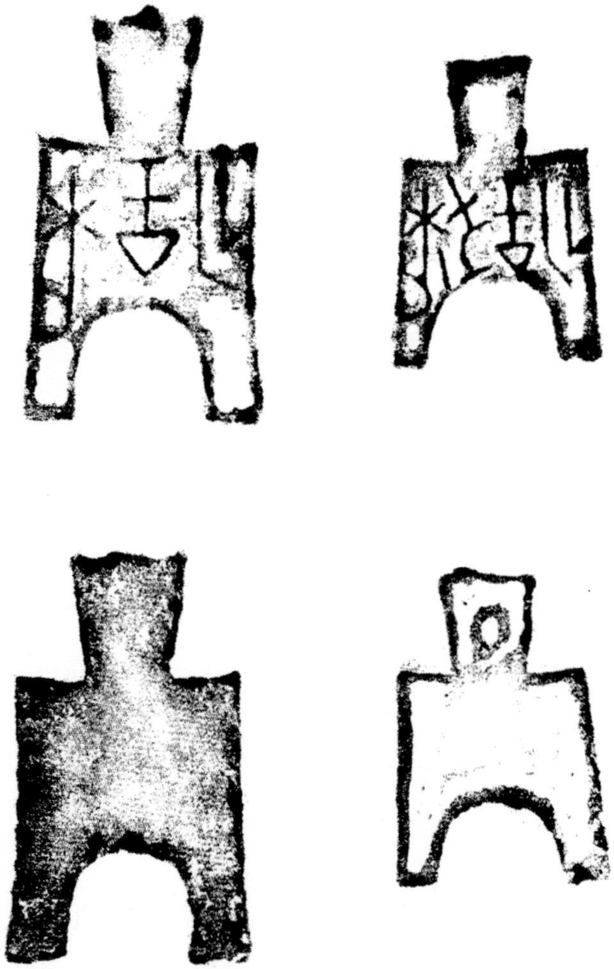

王紀耕藏

梁二釿

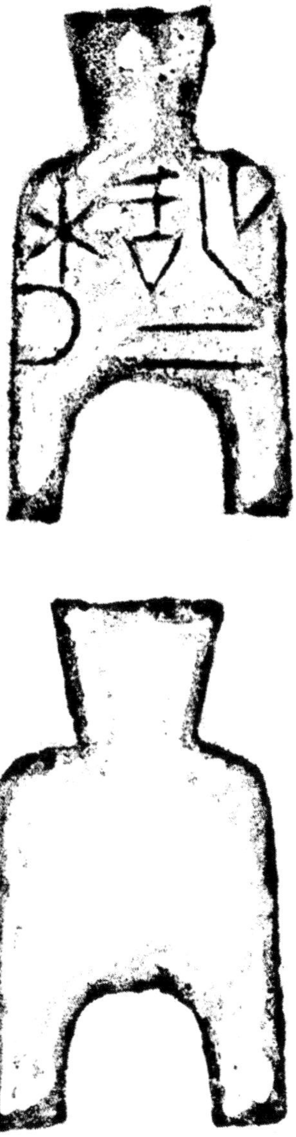

王紀耕藏

晉陽半釿

晉陽一釿

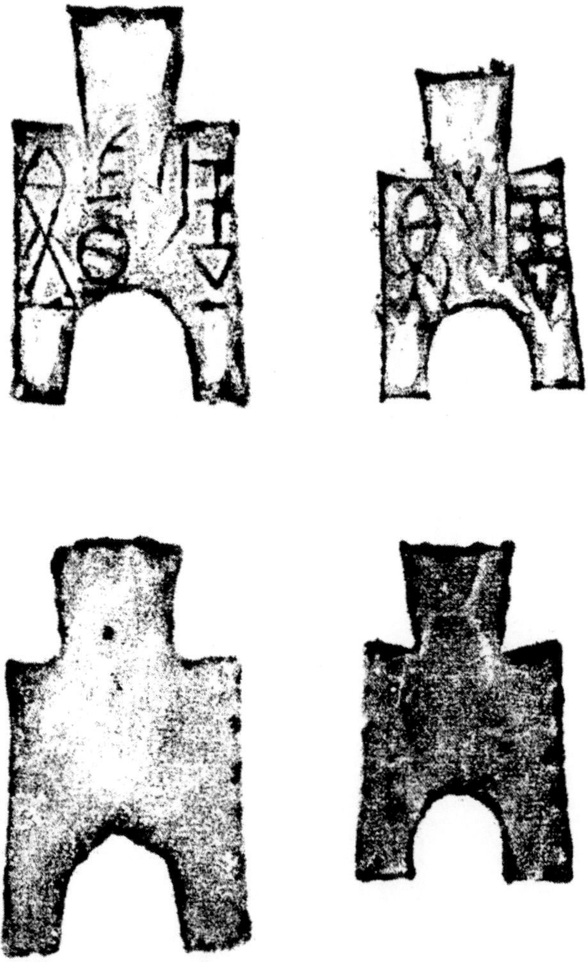

王紀耕藏

高半釿
高安一釿

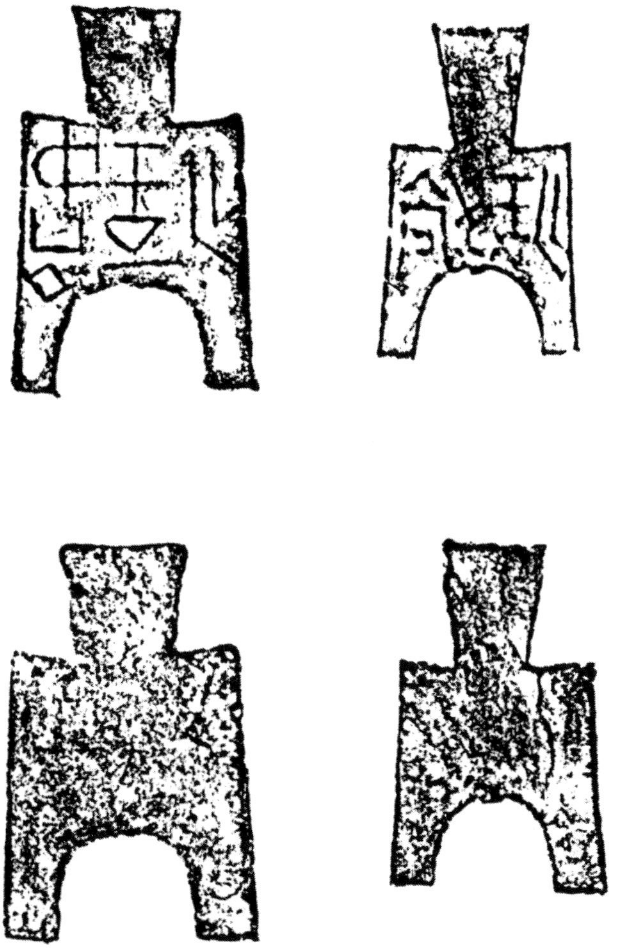

張豐志藏

虞半釿

張豐志藏

虞一釿

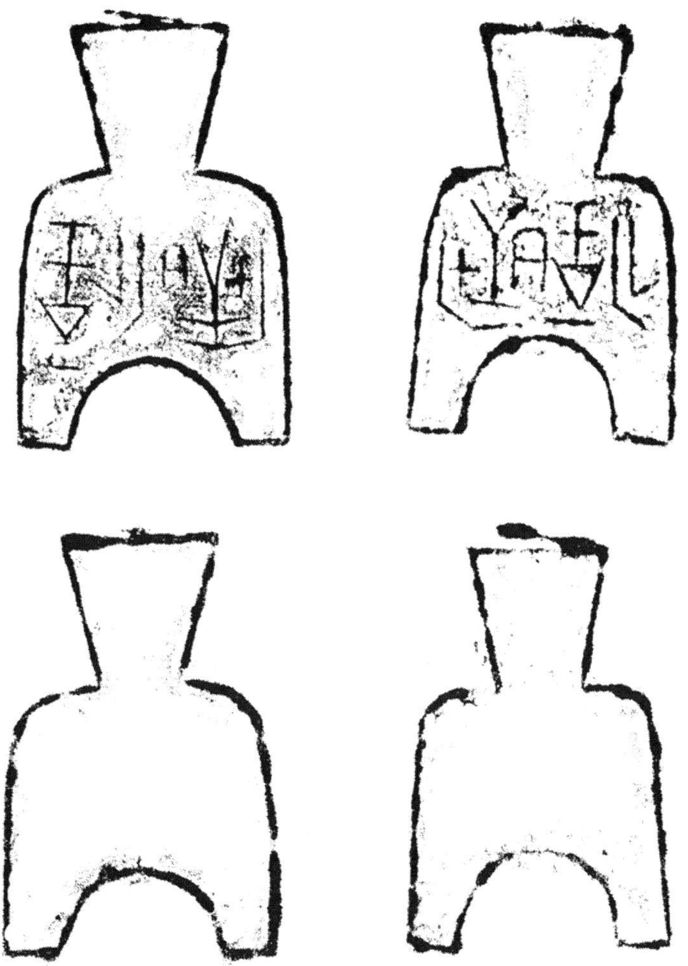

王紀耕藏

殊布當十化・背十貨

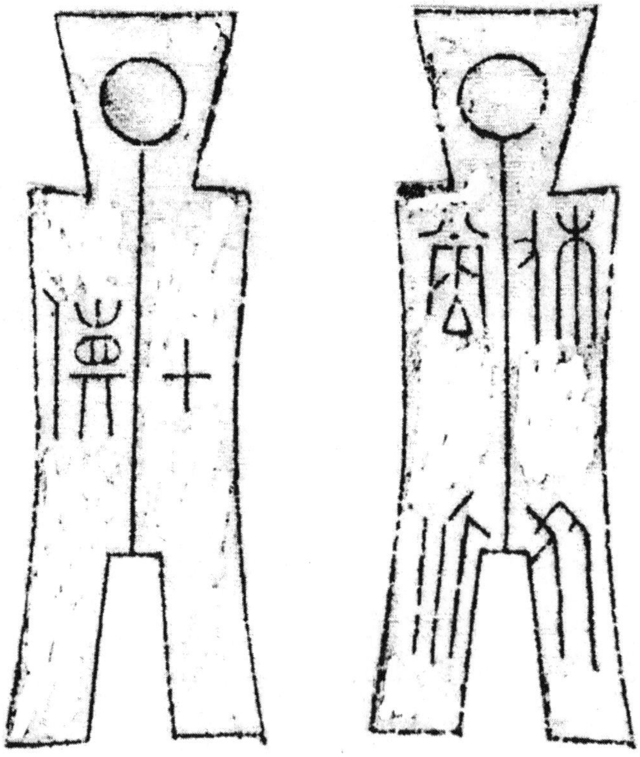

張豐志藏

四布十化

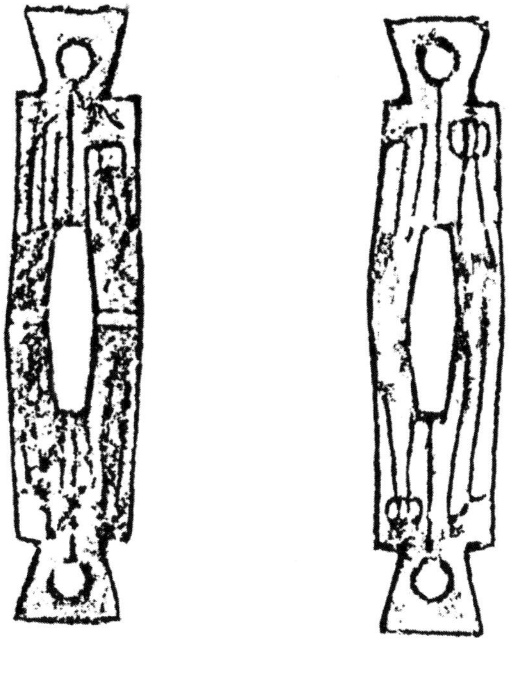

張豐志藏

涅金

王紀耕藏

齊造邦長法化

秦德進藏

齊之法化・背法甘

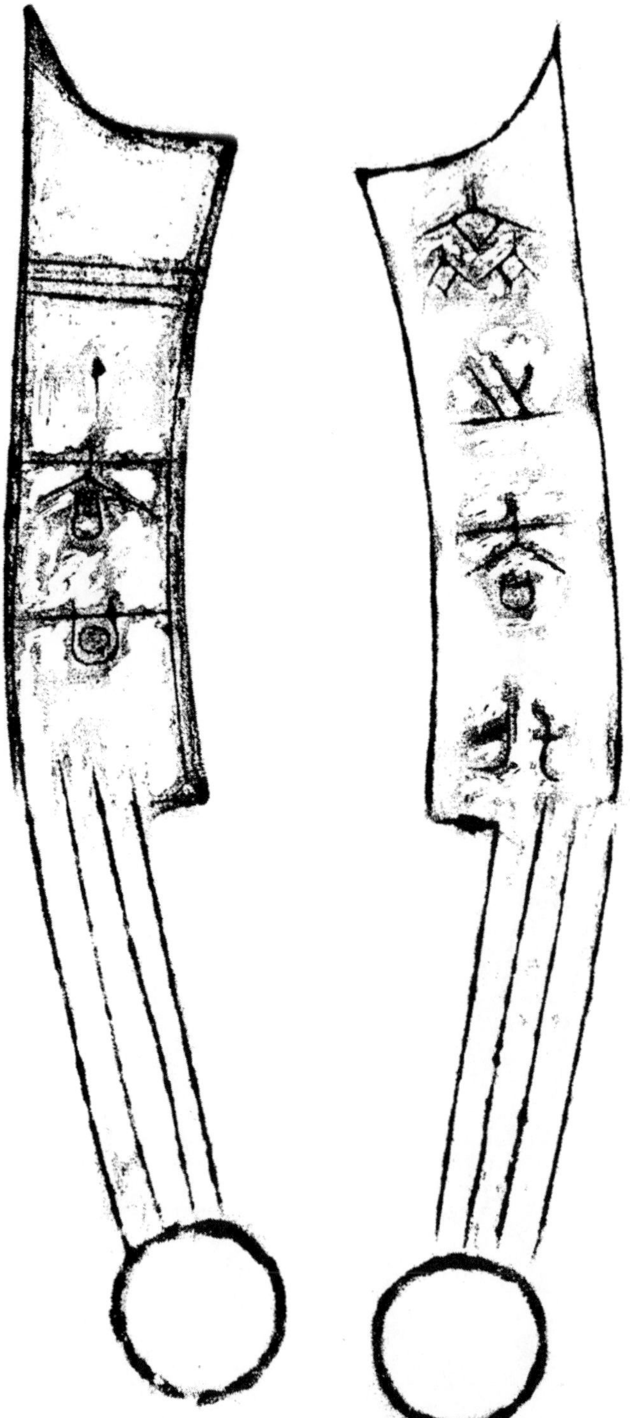

王紀耕藏

節墨法化・背上

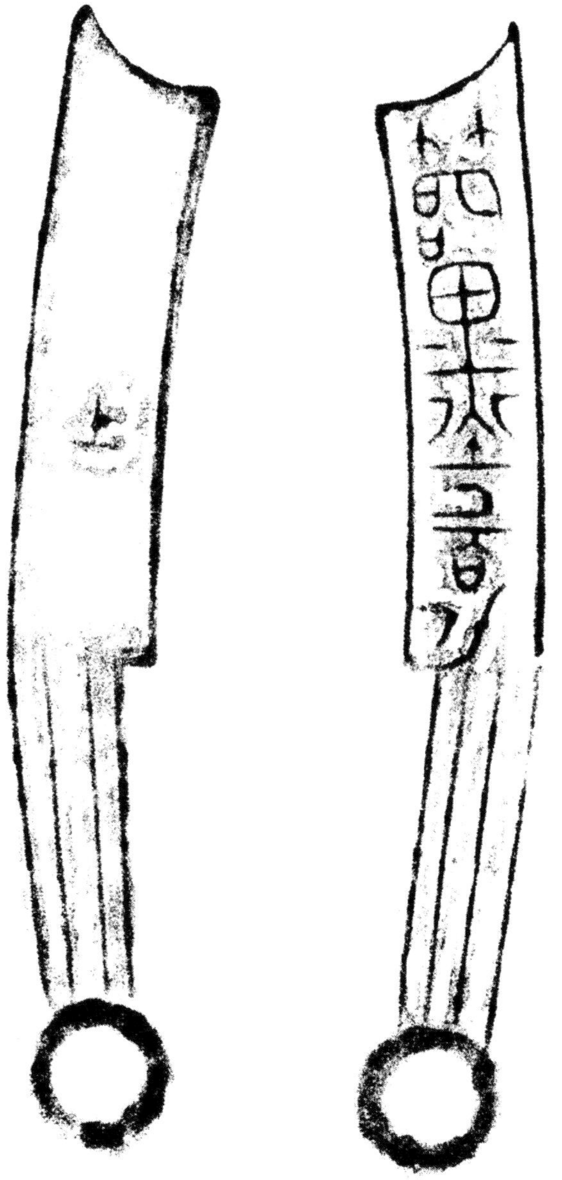

王紀耕藏

級小型尖首刀

小型尖首刀

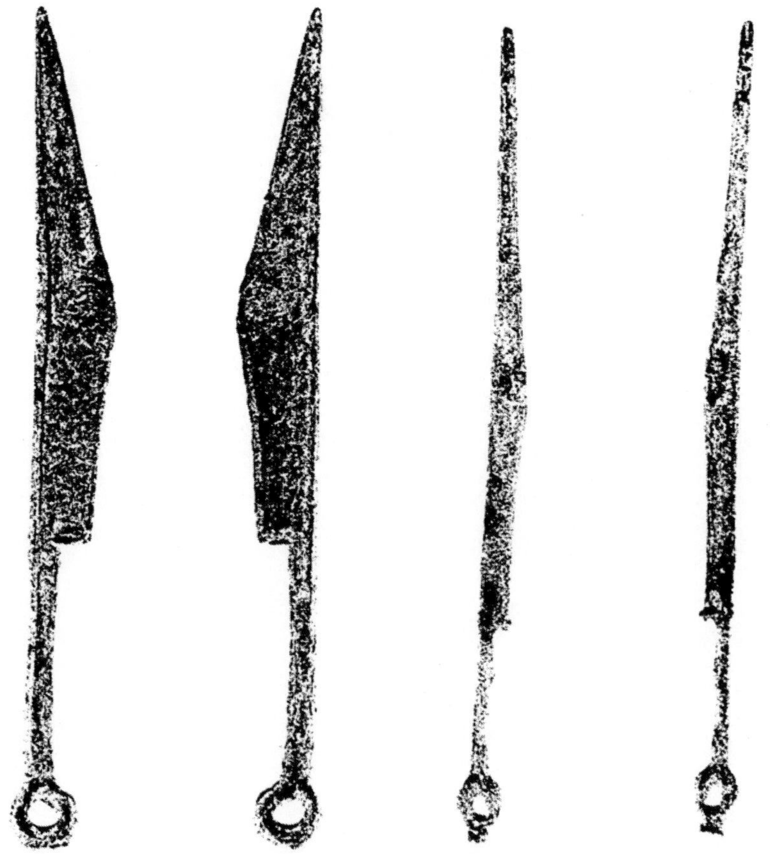

張豐志藏

齊化

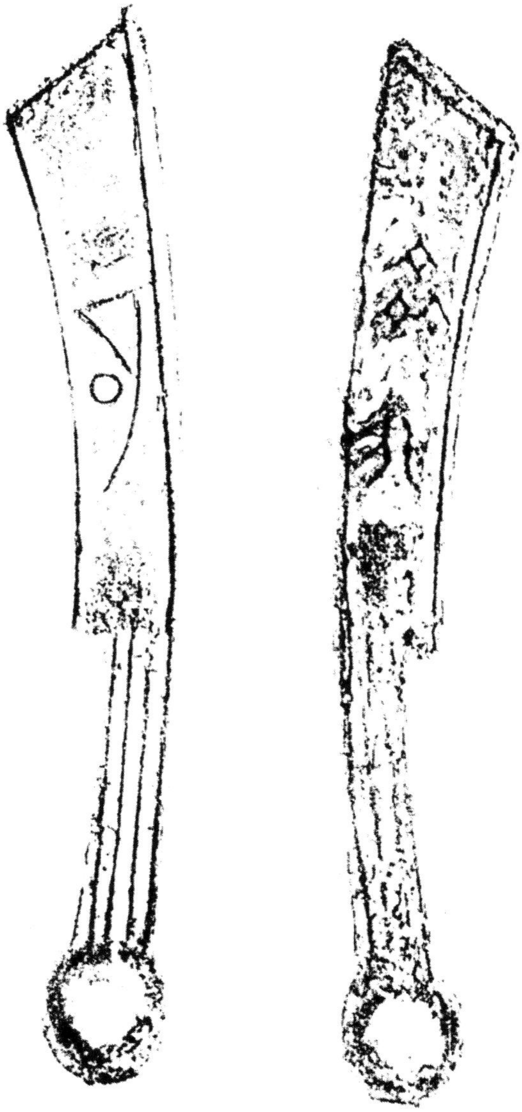

林春雄藏

多字博山刀（今釋：莒治大化？）

蔡啓祥藏

閔（刀幣）

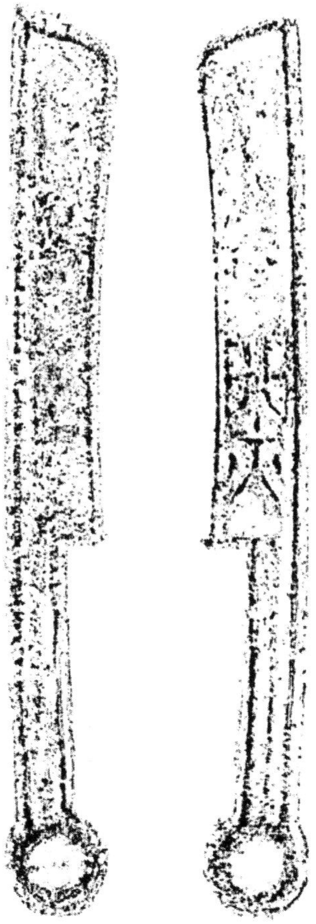

蔡啓祥藏

晉匕

晉陽匕

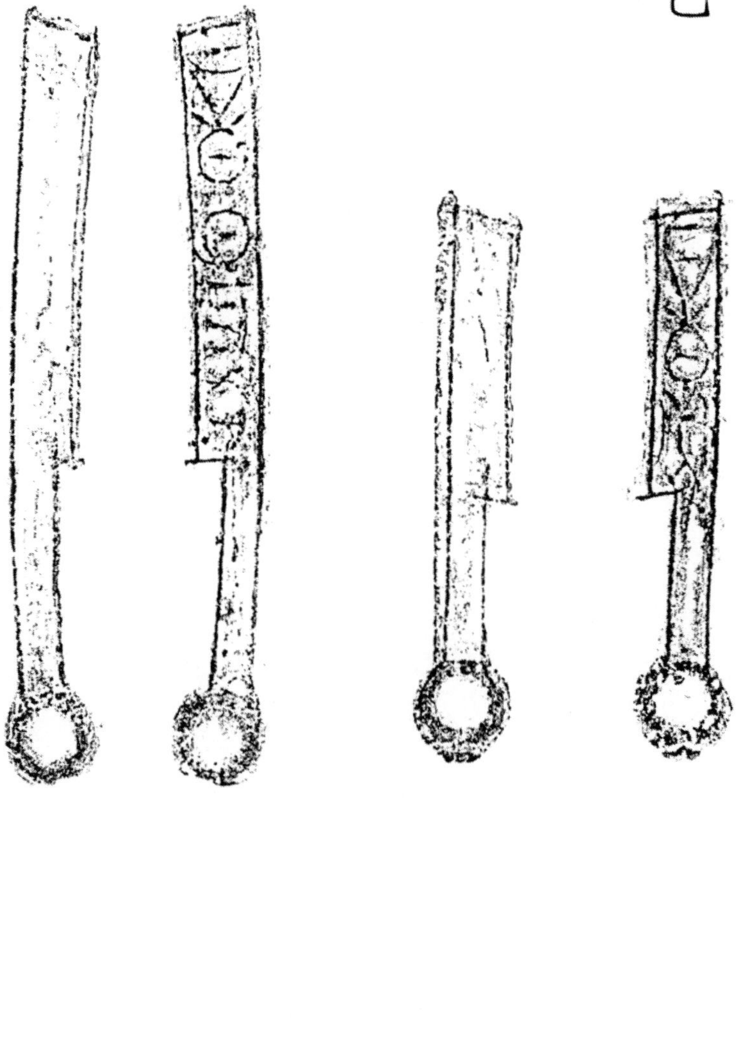

蔡啓祥藏

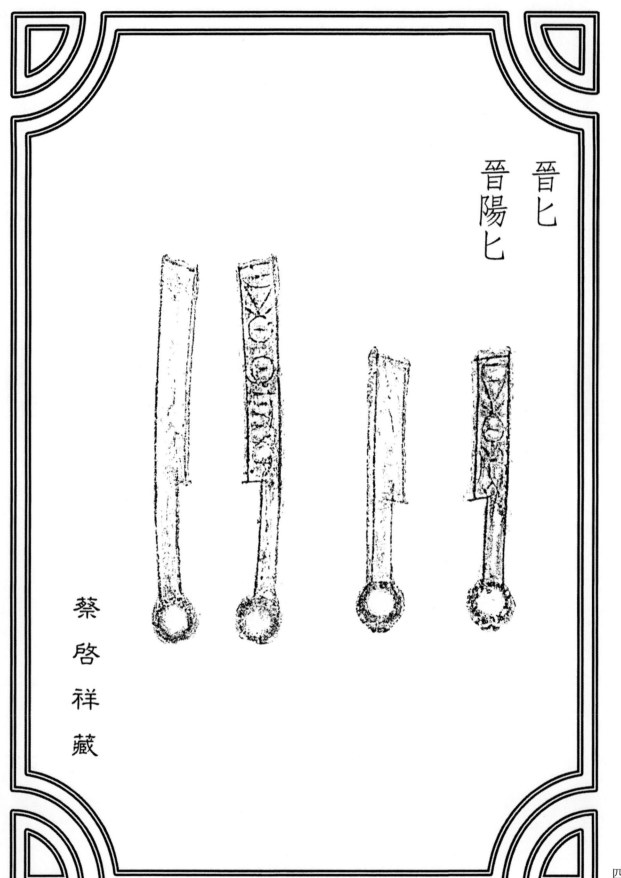

茲氏

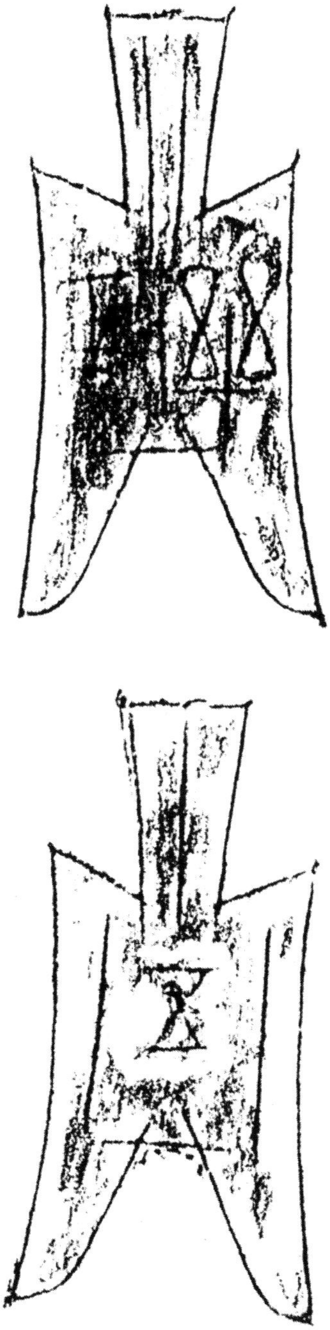

張豐志藏

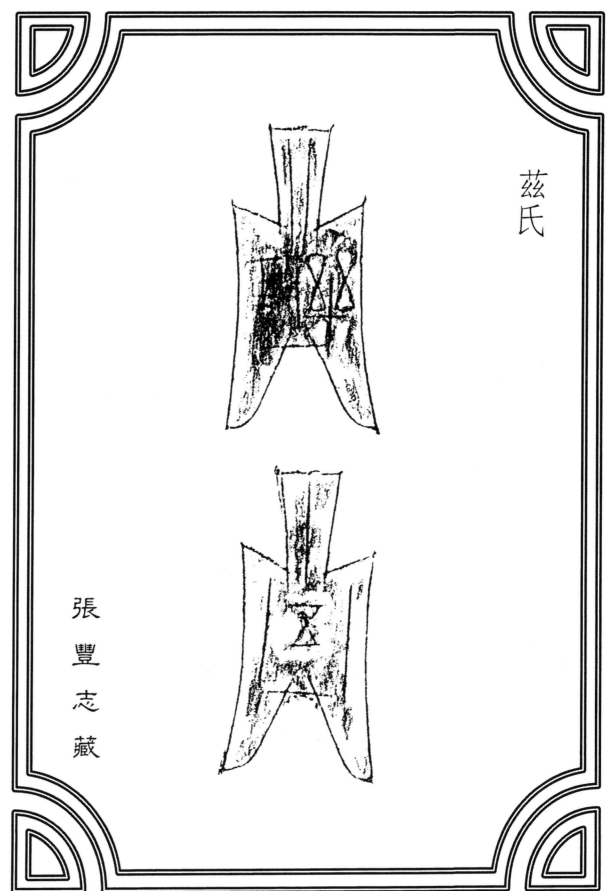

榆次

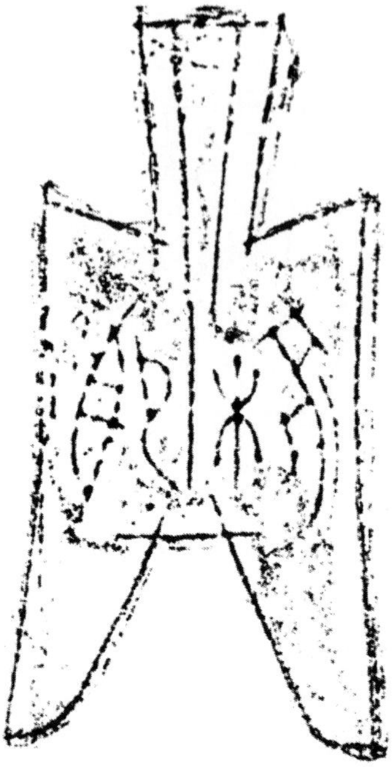

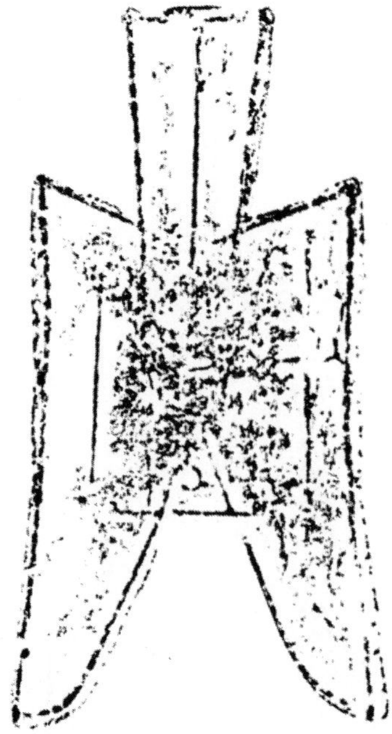

蔡啓祥藏

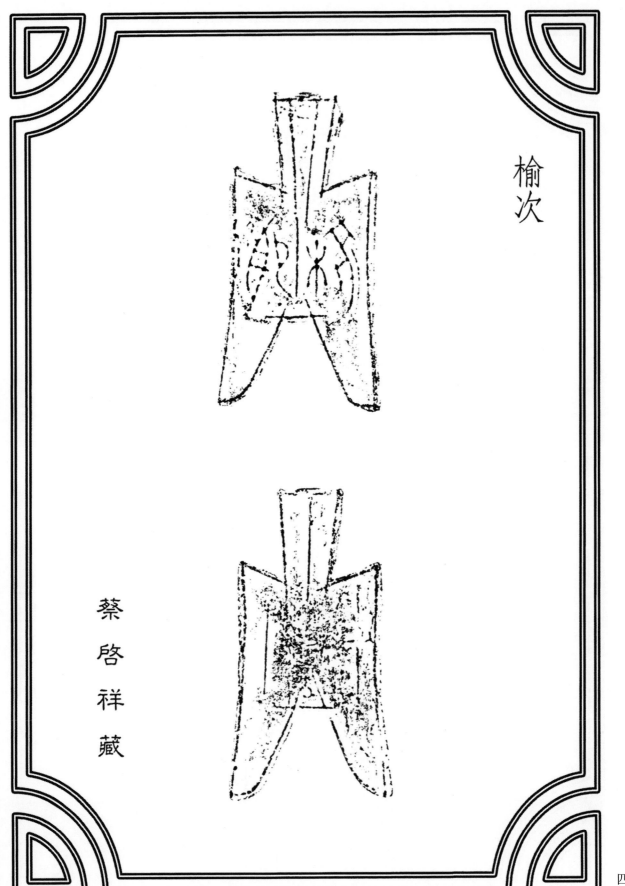

易人

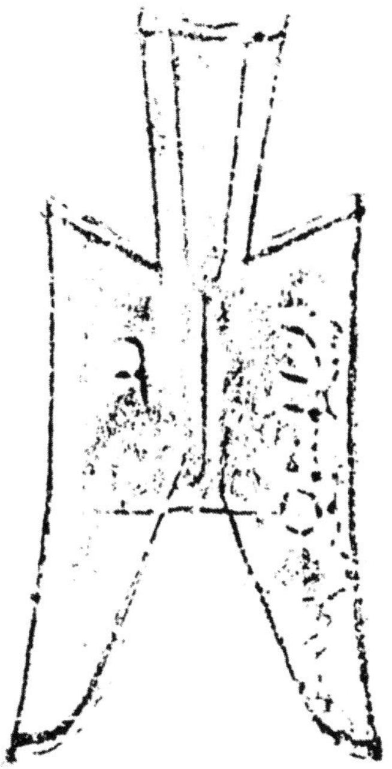

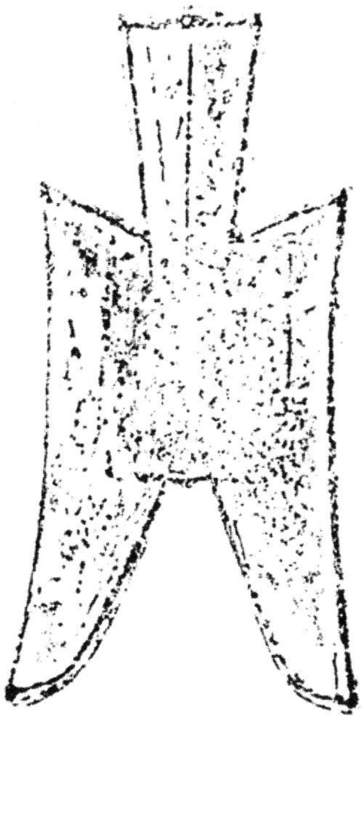

蔡啓祥藏

甘丹

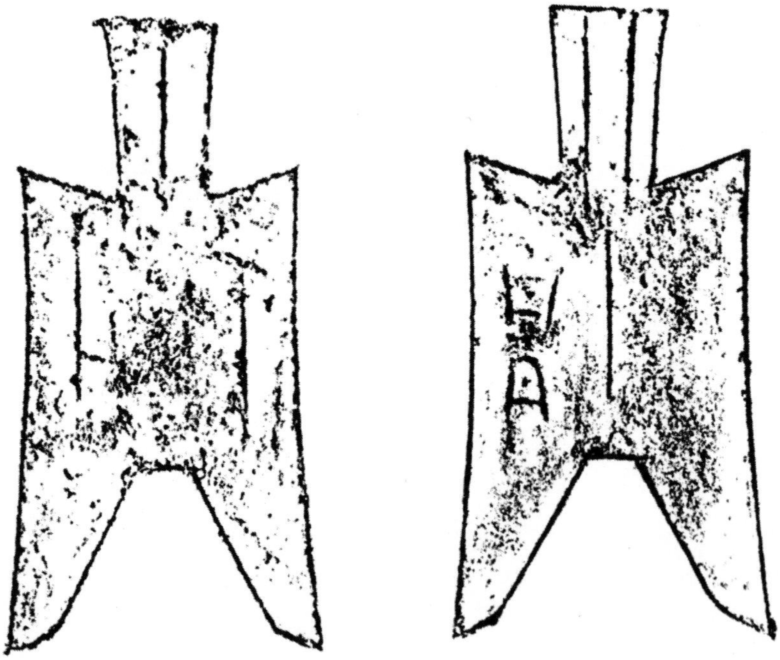

張豐志藏

大陰

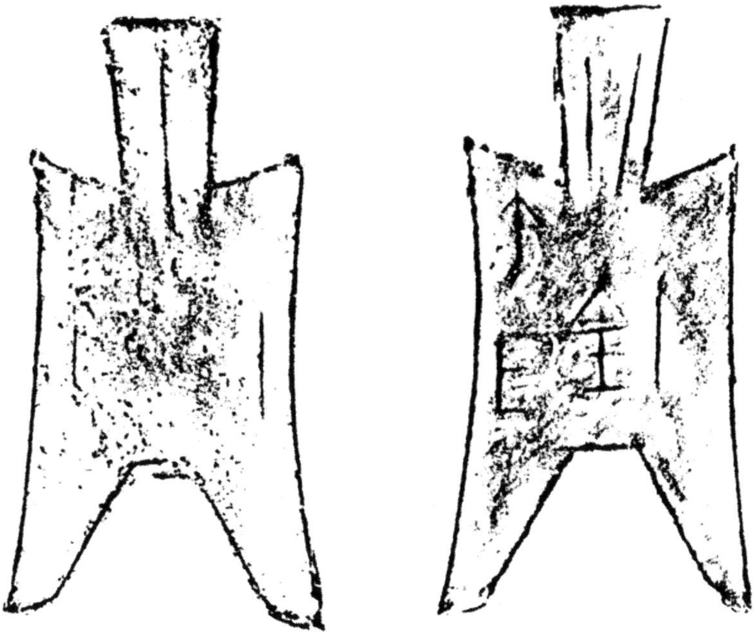

張豐志藏

晉陽

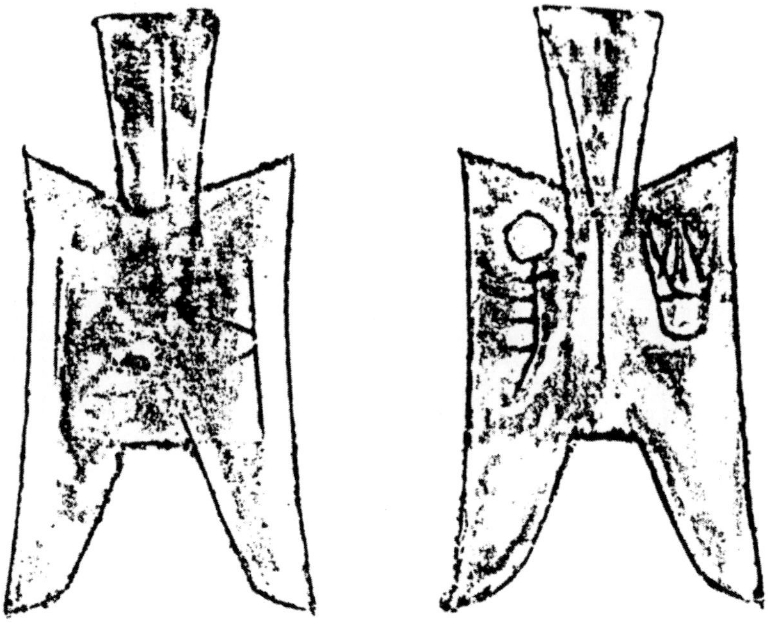

張豐志藏

閔（尖足布）

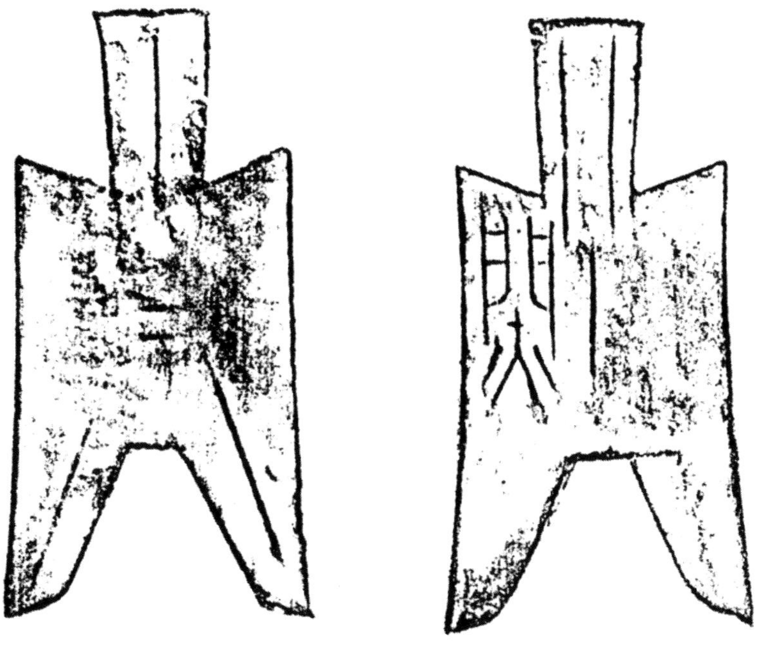

張豐志藏

邪山

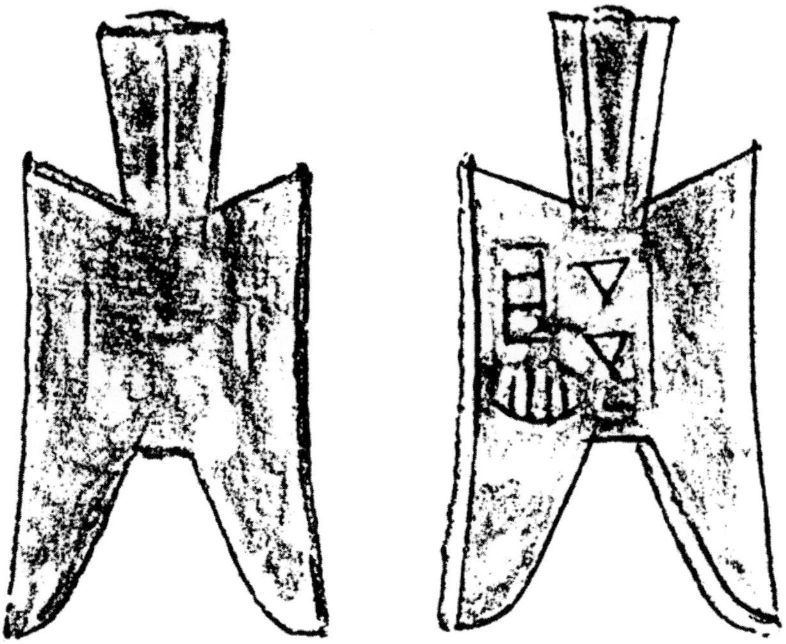

張豐志藏

東周
西周

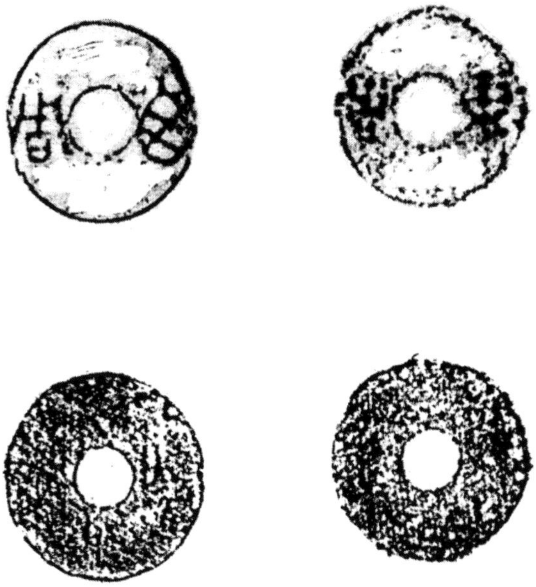

張豐志藏

一珠重一兩十二

一珠重一兩十四

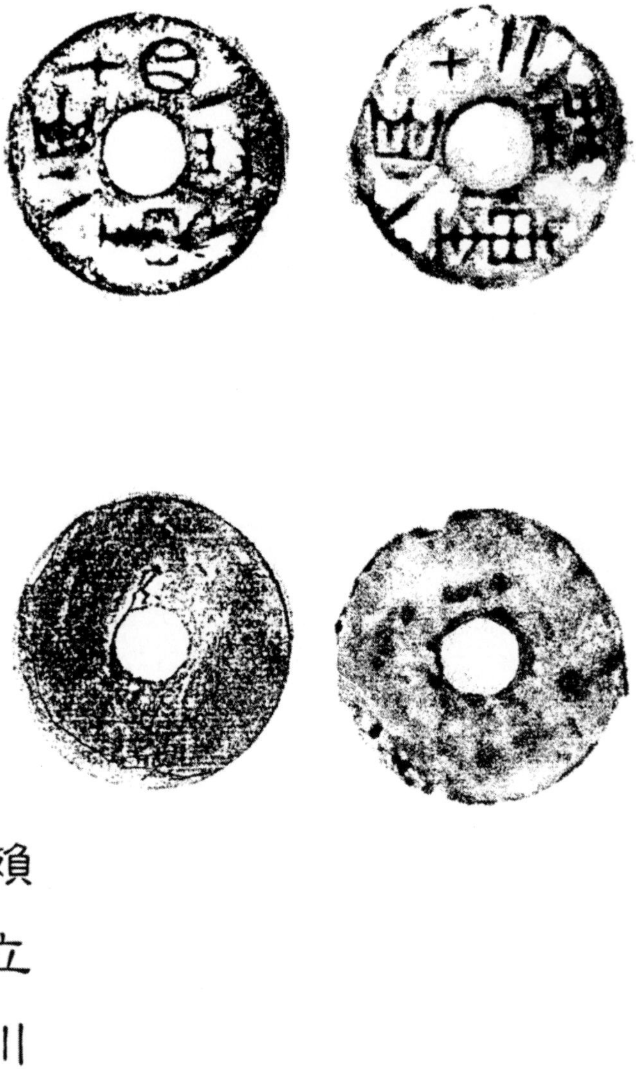

賴立川藏

林春雄藏

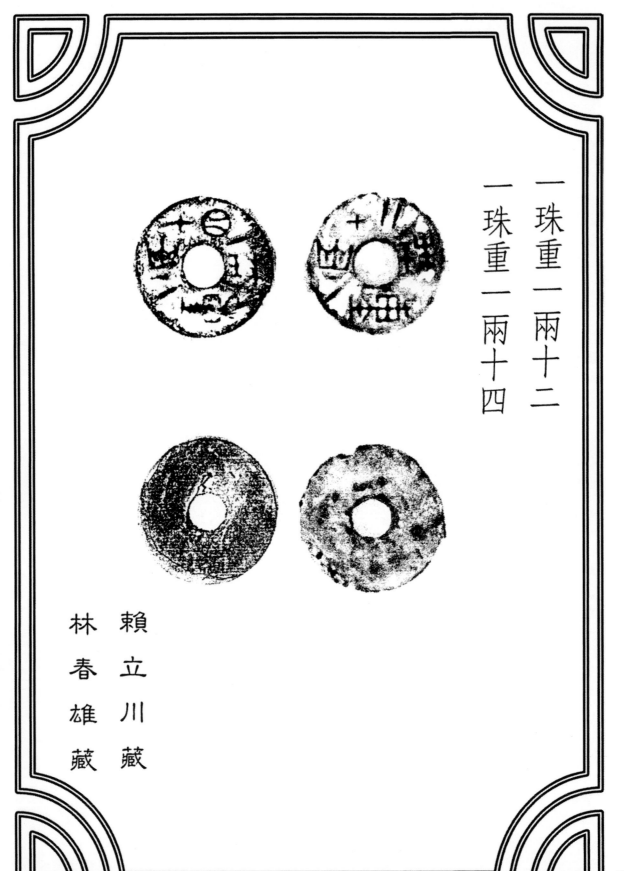

長安
文信

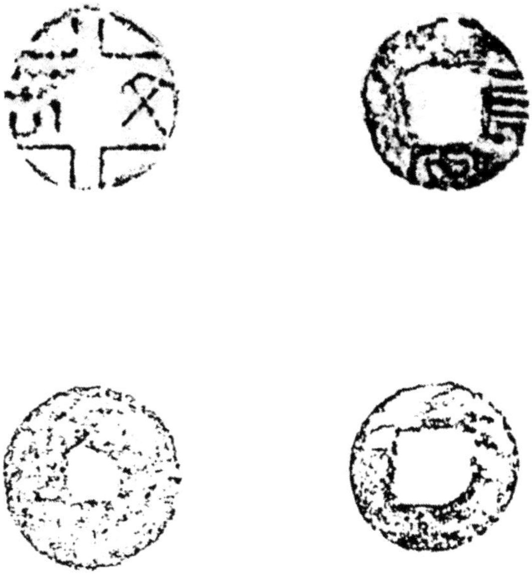

張豐志藏

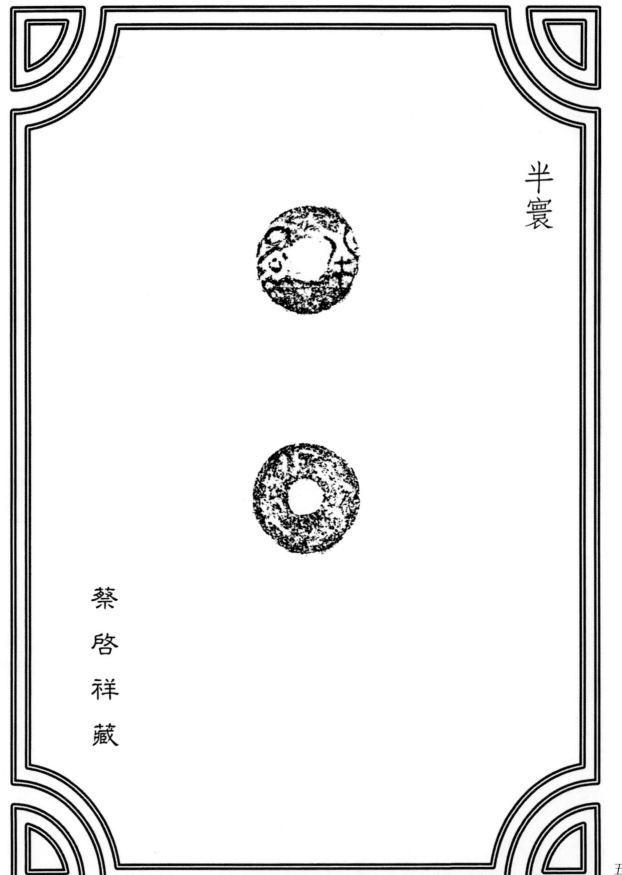

半睘

蔡啓祥藏

閔（圓錢）

張豐志藏

濟陰

張豐志藏

第四

林春雄藏

第十五
第十七

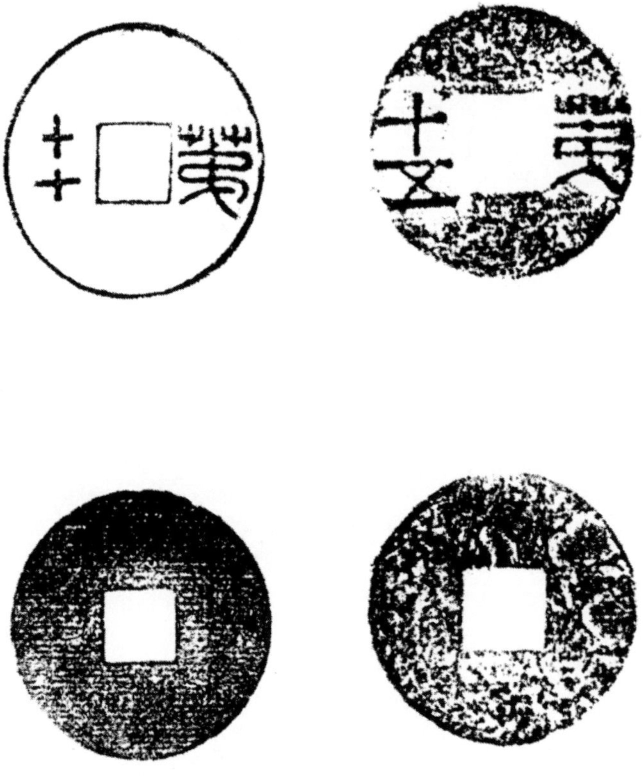

林春雄藏

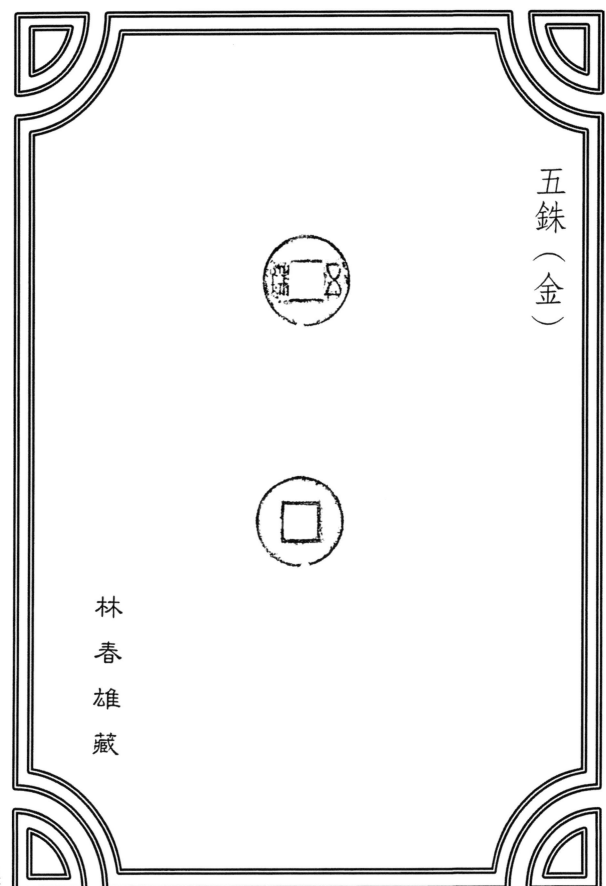

五銖（金）

林春雄藏

么泉一十

幼泉二十

中泉三十

壯泉四十

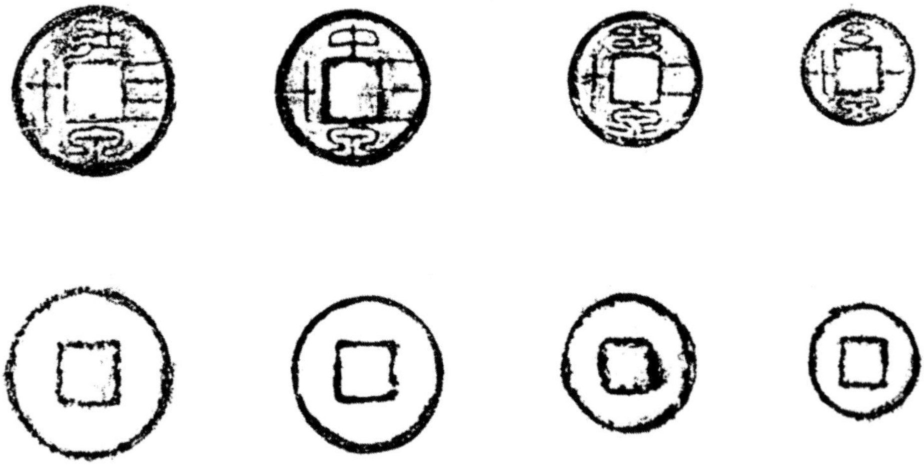

蔡啓祥藏

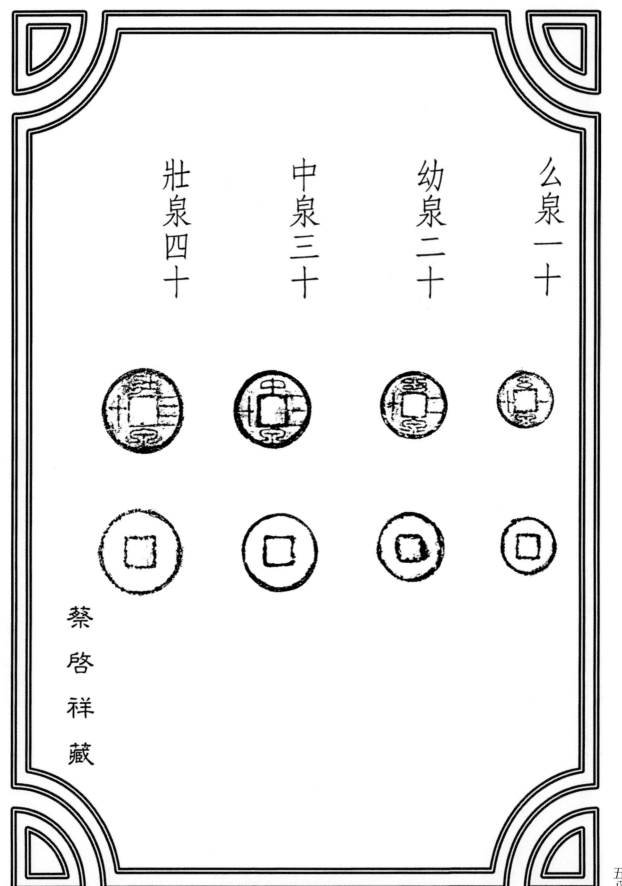

一刀平五千

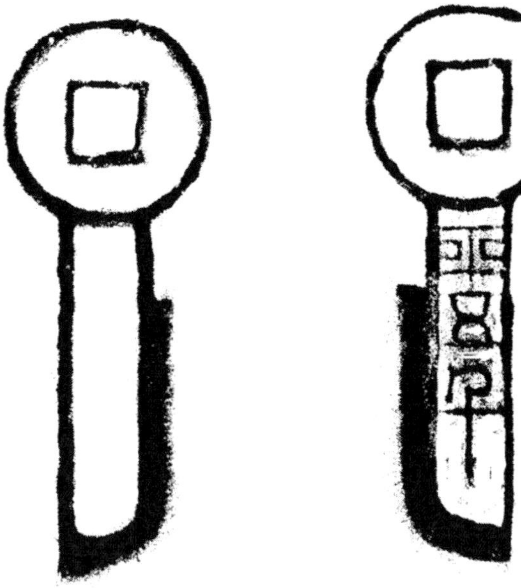

賴立川藏

太清豐樂

賴立川藏

永光

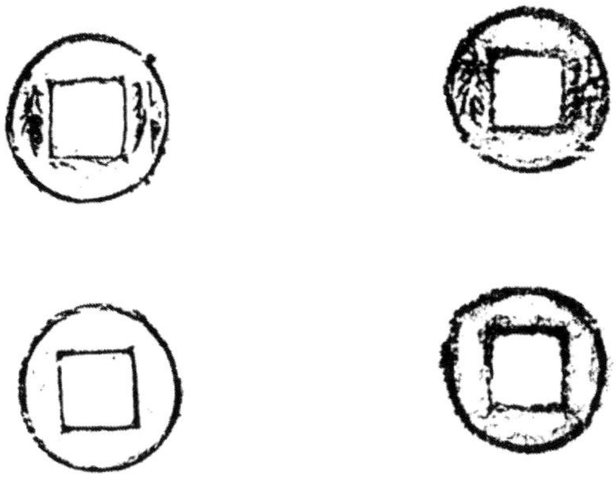

景和

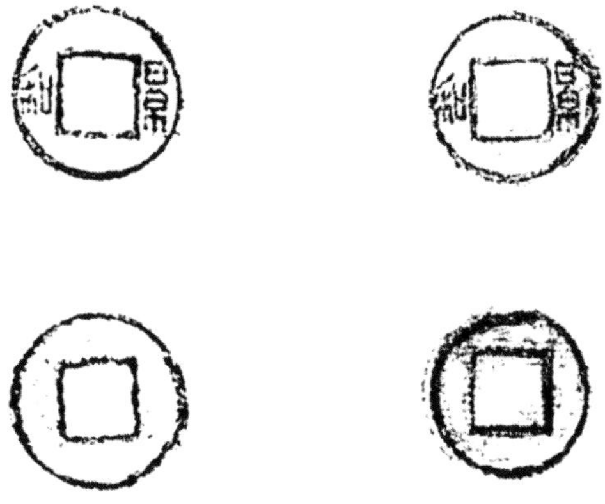

蔡啓祥藏

日月山火藏

兩銖

賴立川藏

涼造新泉（小字）

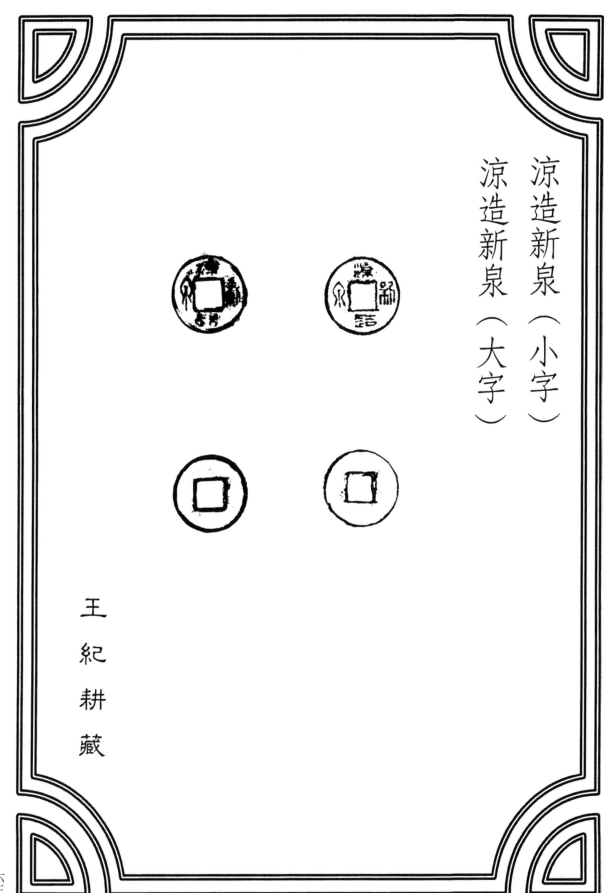

涼造新泉（大字）

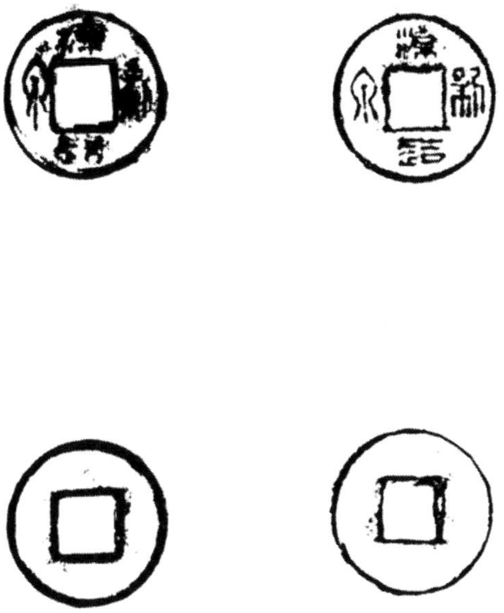

王紀耕藏

開元通寶・背上永、下永、上福、下福

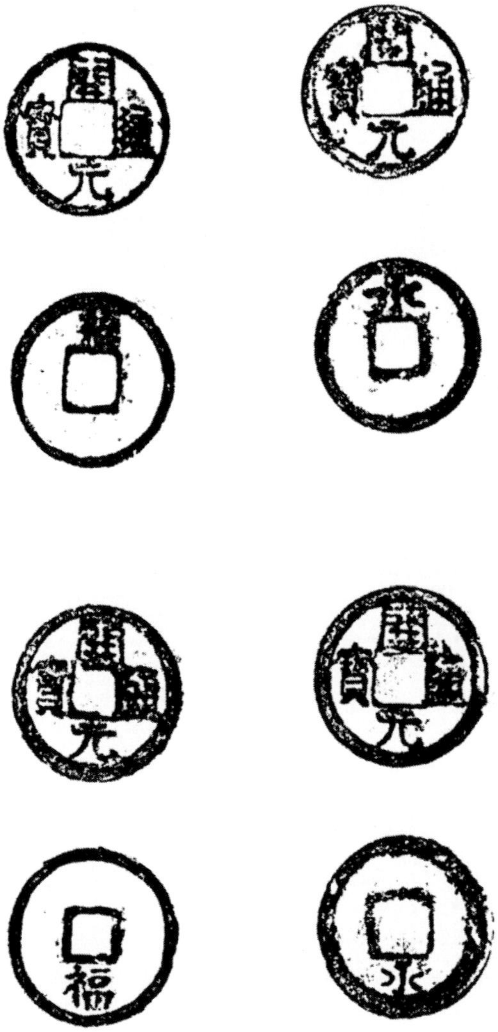

賴立川藏

乾元重寶・背上祥雲、下祥雲、下瑞雀

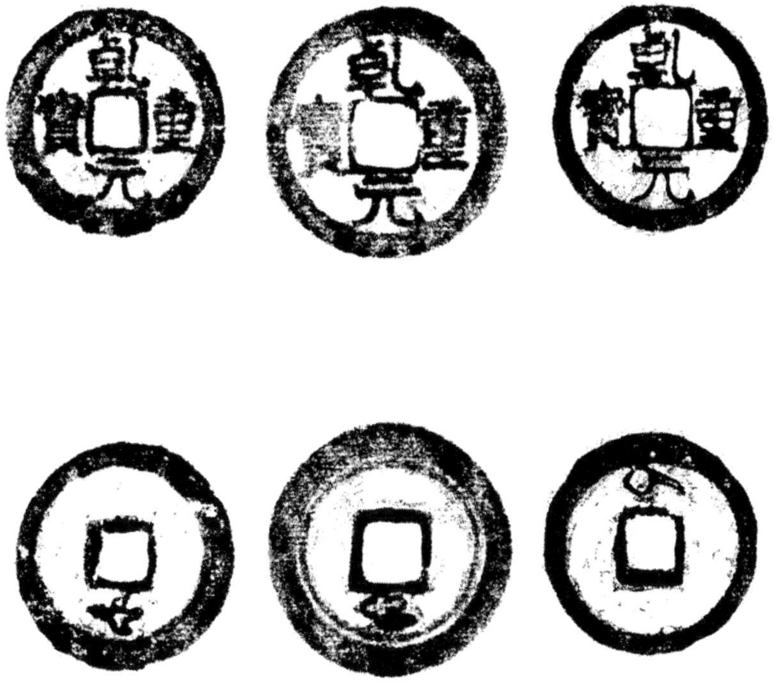

賴立川藏

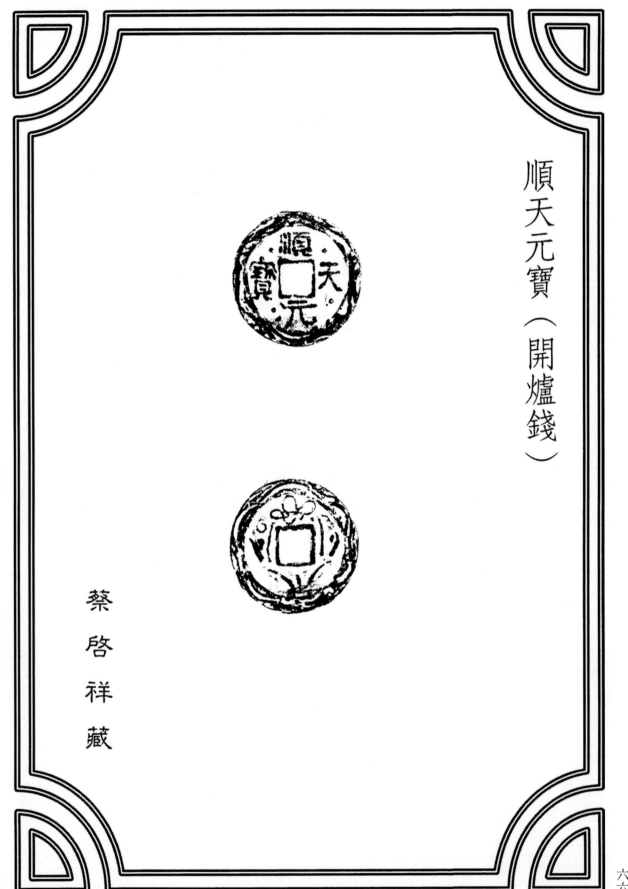

順天元寶（開爐錢）

蔡啓祥藏

天福元寶（官鑄大樣）

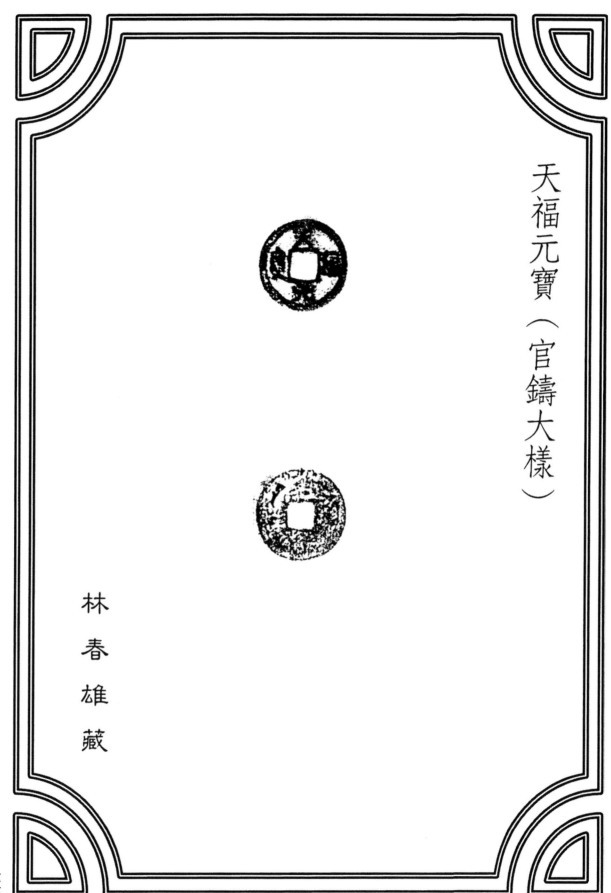

林春雄藏

天策府寶

秦德進藏

天策府寶（鐵）

賴立川藏

永平元寶

林春雄藏

永通泉貨

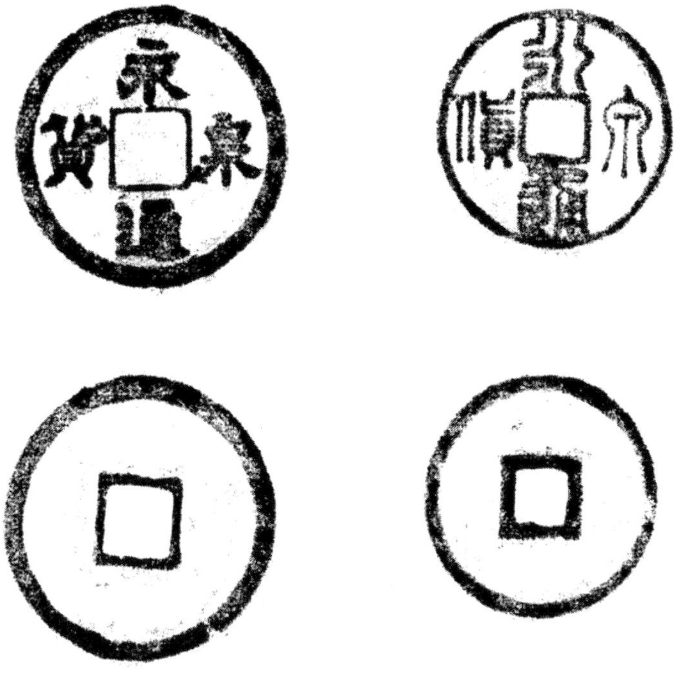

秦德進藏

唐國通寶

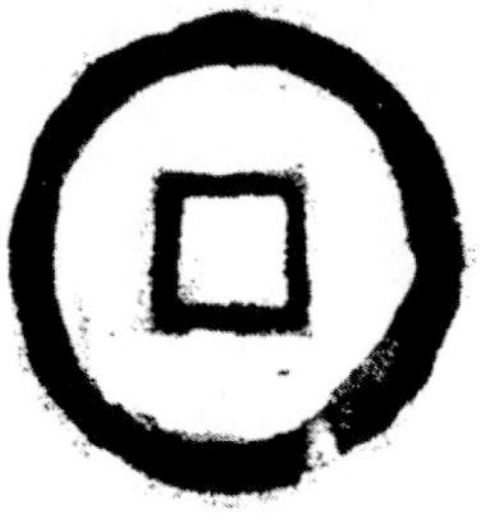

賴立川藏

乾亨通寶

秦德進藏

飛龍進寶

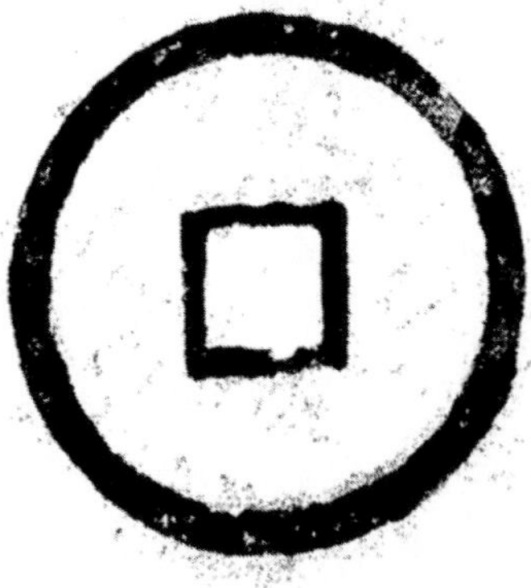

秦德進藏

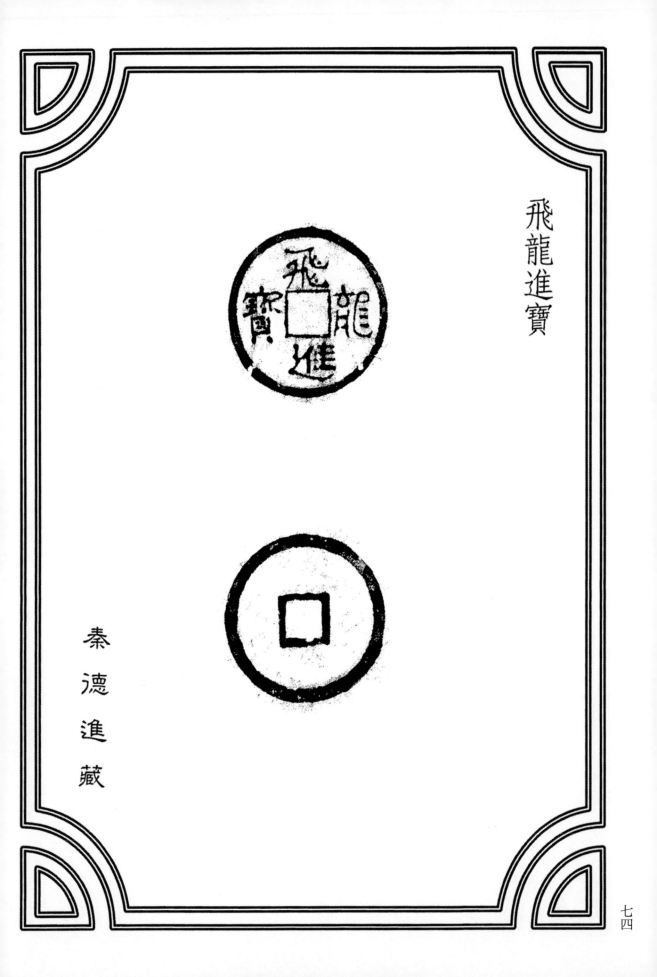

宋元通寶（鐵母）

賴立川藏

縮水淳化

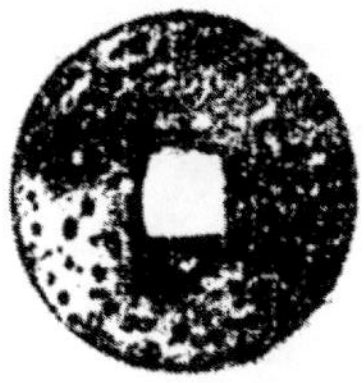

蔡啓祥藏

祥符元寶・餅錢

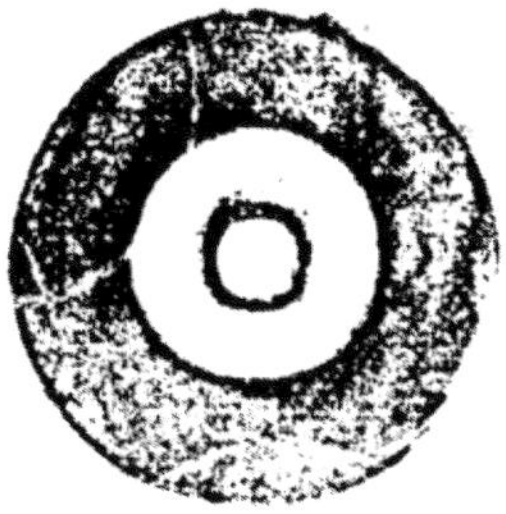

日月山火藏

祥符通寶

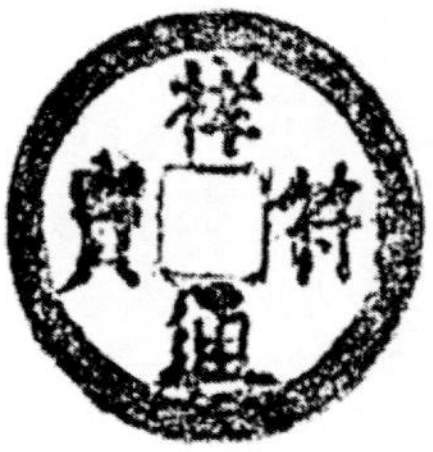

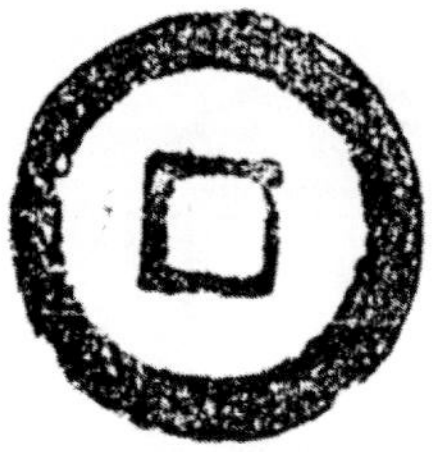

蔡啓祥藏

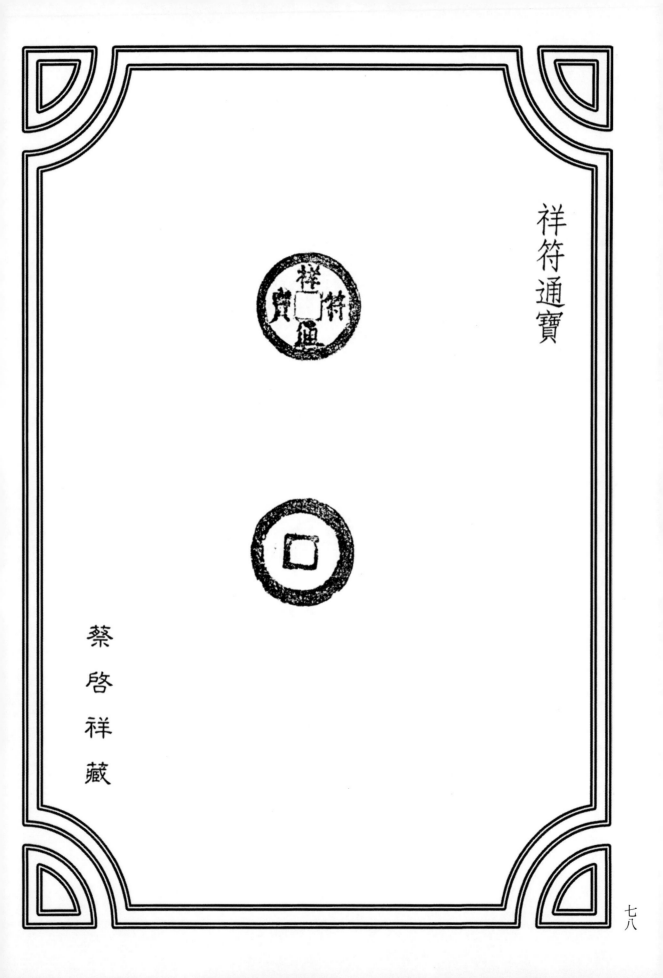

祥符通寶（銀）

林春雄藏

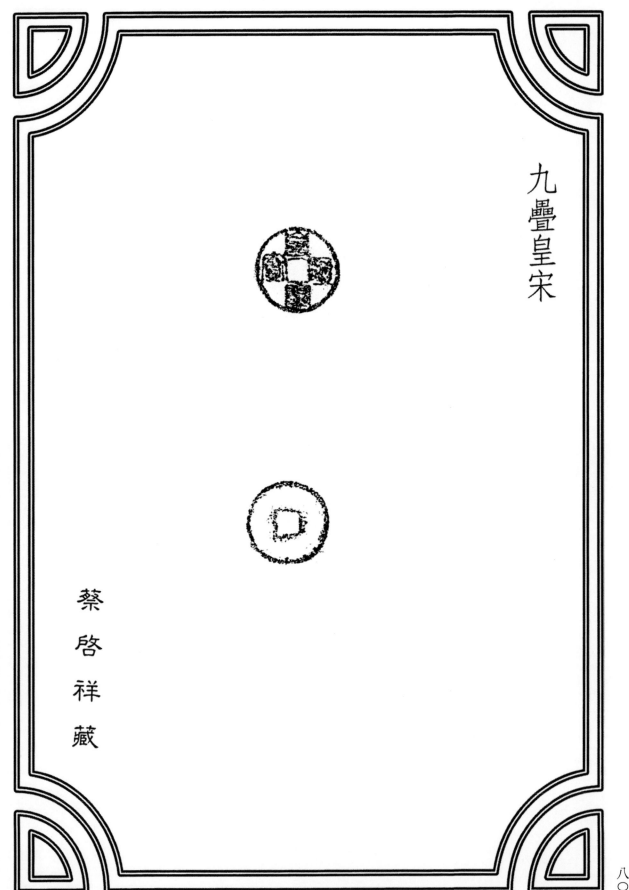

九疊皇宋

蔡啓祥藏

至和重寶・背坊

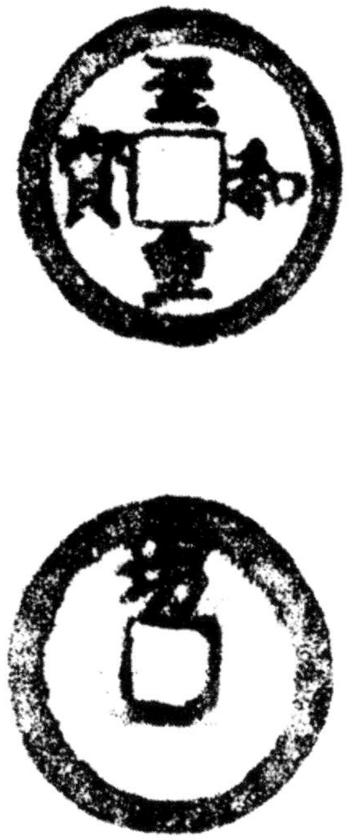

日月山火藏

元祐通寶（鐵母）

元祐通寶（鐵錢）

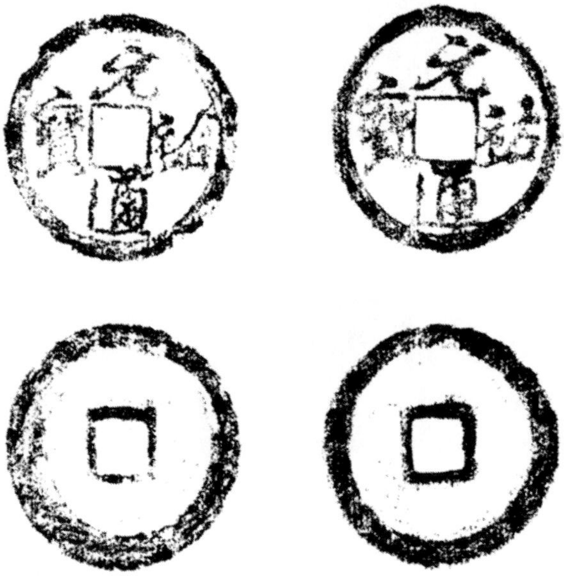

日月山火藏

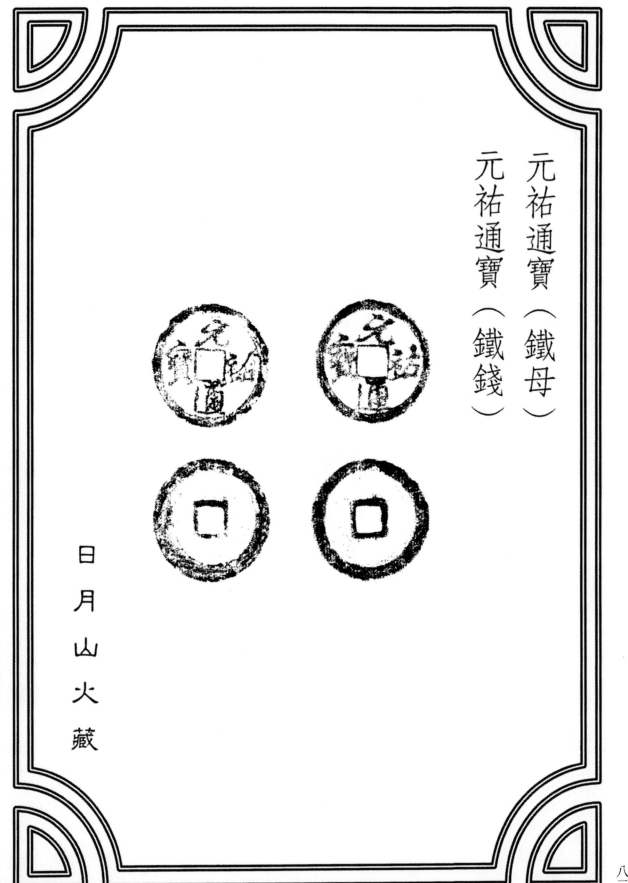

元祐通寶・背陝

秦德進藏

紹聖元寶（鐵母）

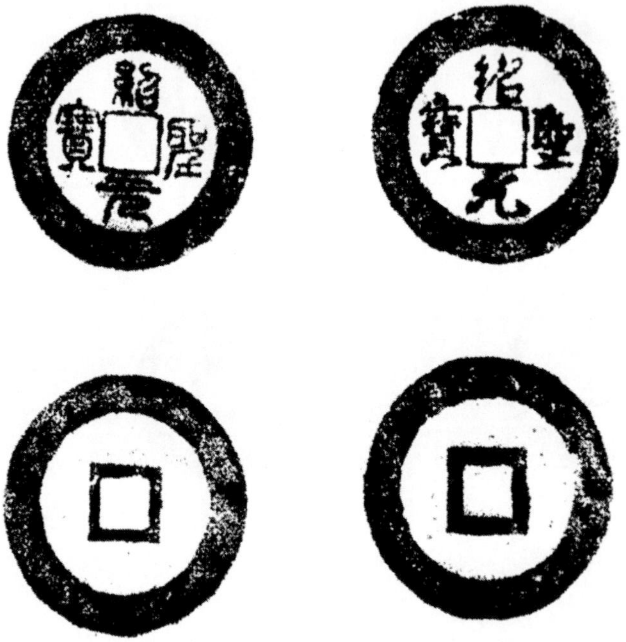

秦德進藏

紹聖通寶（鐵母）

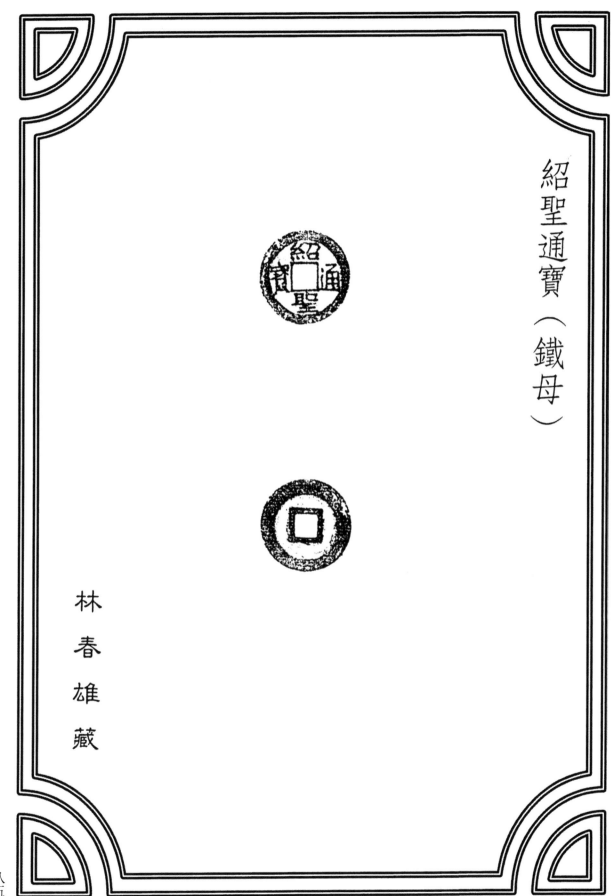

林春雄藏

聖宋通寶

秦德進藏

崇寧重寶（鐵母）

蔡啓祥藏

崇寧元寶（銀）

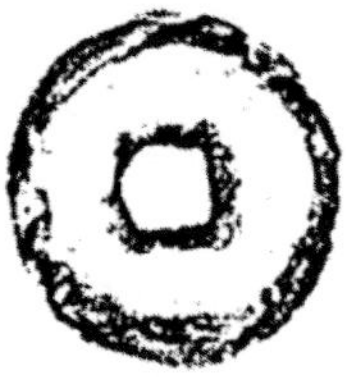

日月山火藏

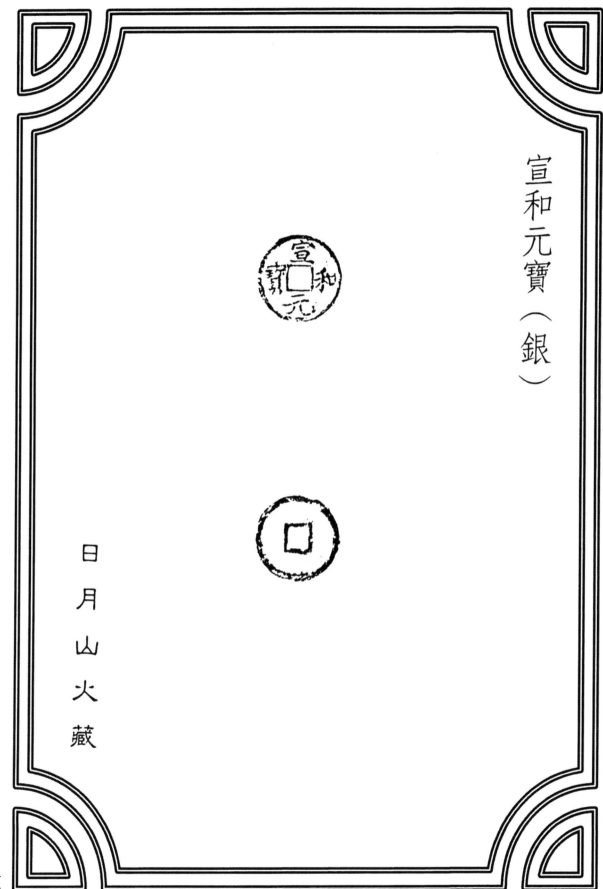

宣和元寶（銀）

日月山火藏

建炎重寶

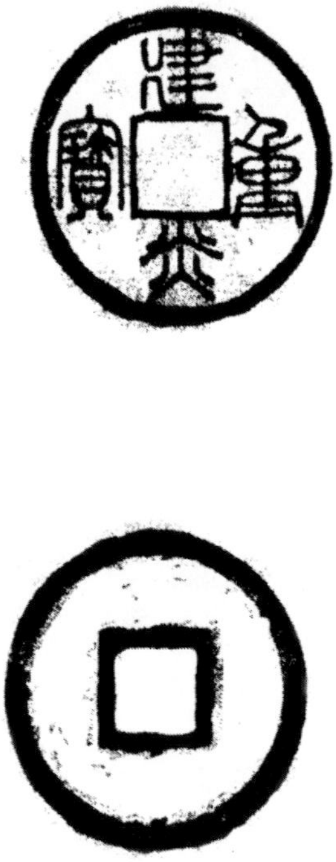

賴立川藏

乾道元寶（金）

林春雄藏

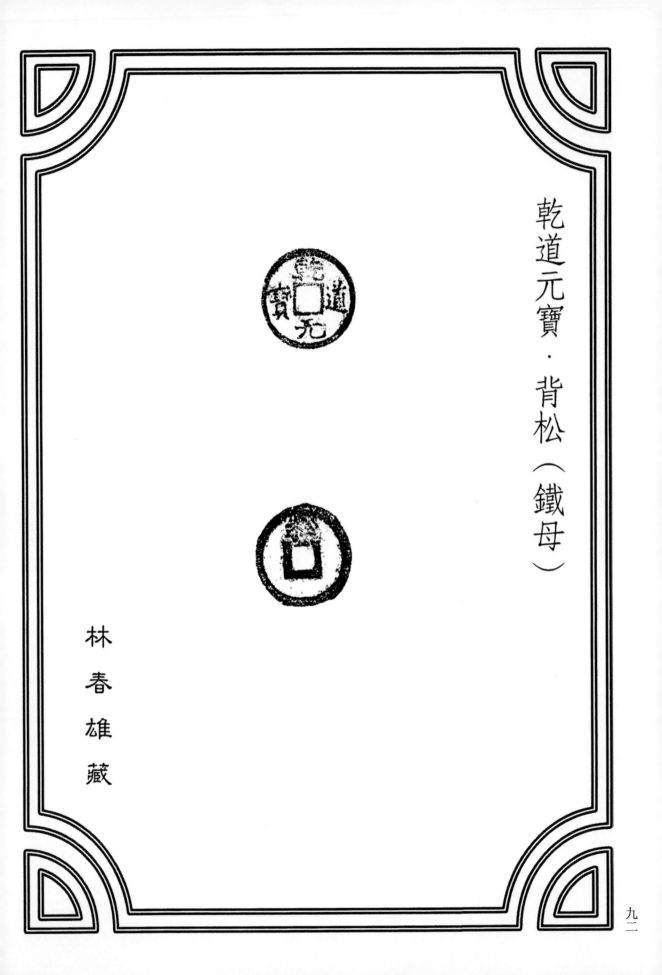

乾道元寶·背松（鐵母）

林春雄藏

淳熙元寶・背同（鐵母）

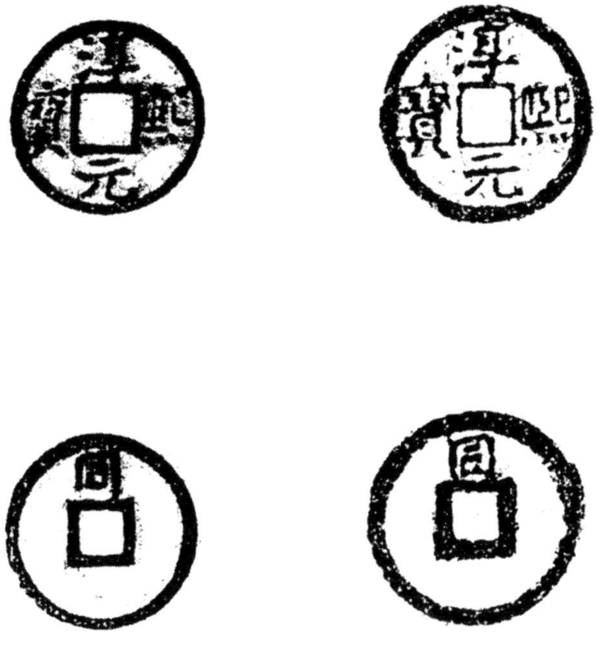

蔡啓祥藏

日月山火藏

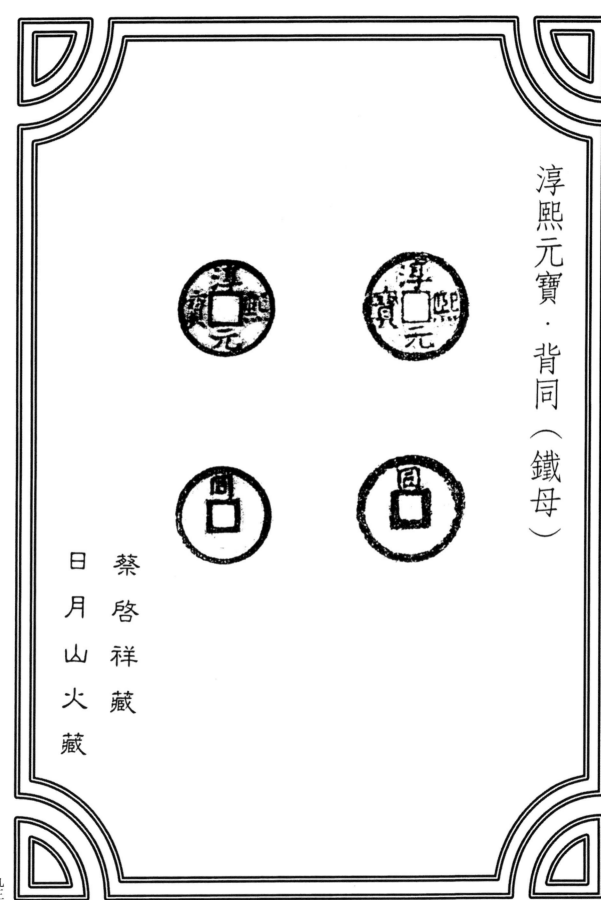

淳熙元寶・背利（鐵母）

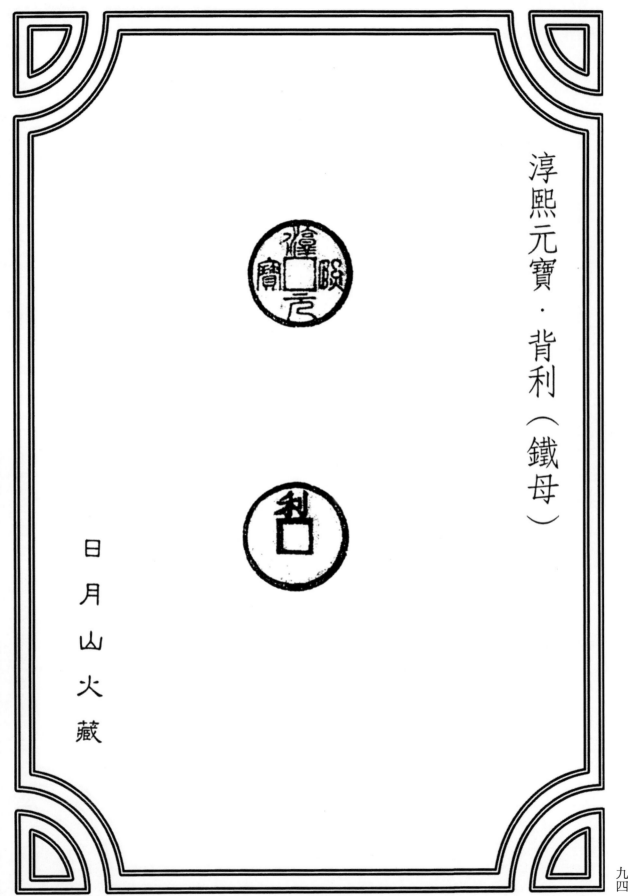

日月山火藏

開禧通寶・背利

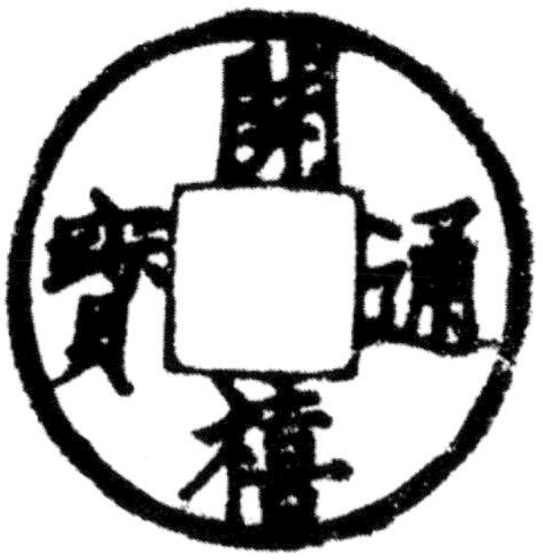

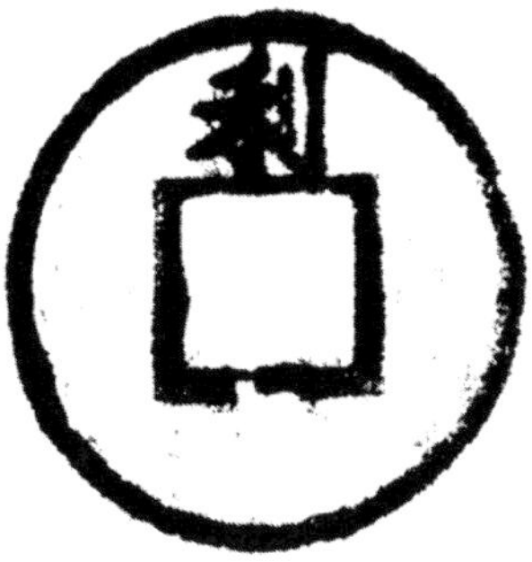

秦德進藏

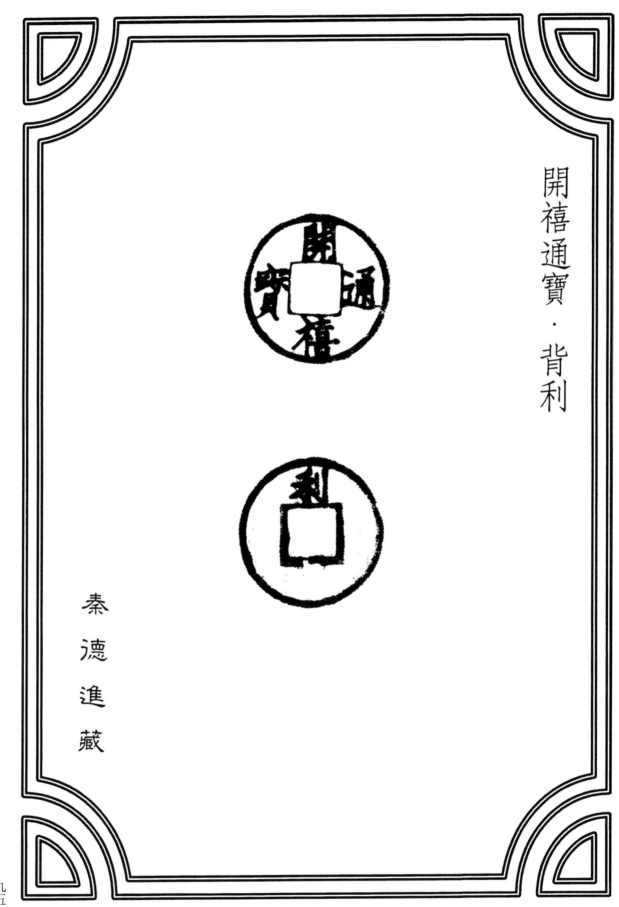

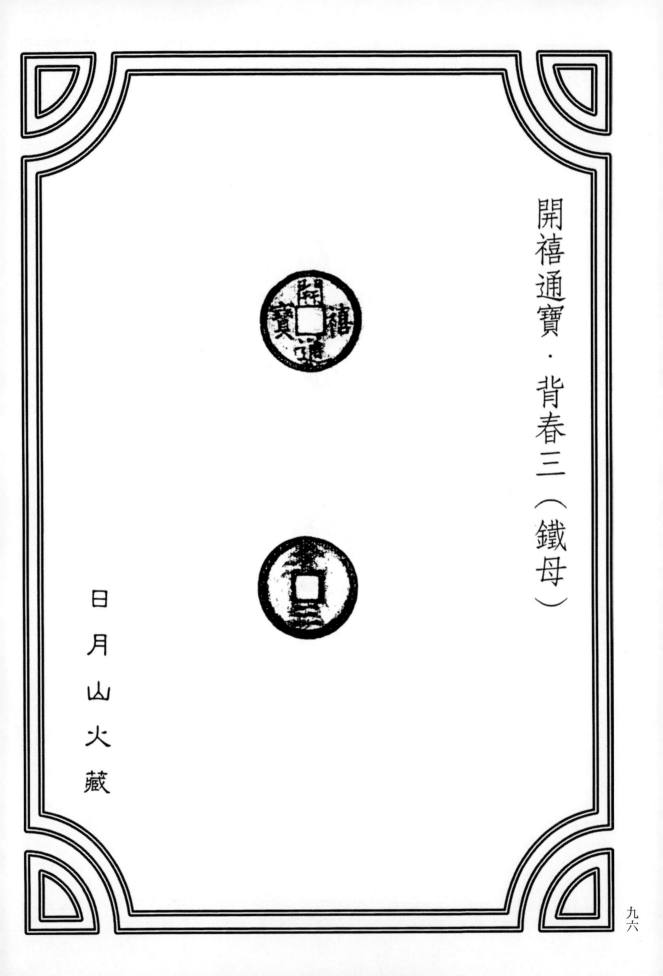

開禧通寶・背春三（鐵母）

日月山火藏

嘉定元寶・背利州 伍（鐵母）

林春雄藏

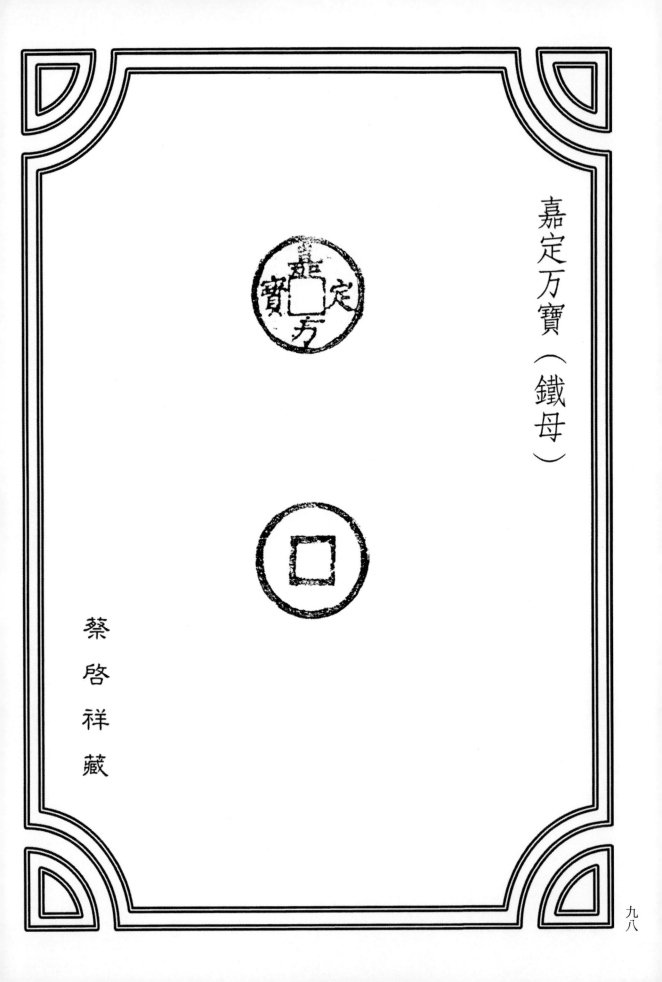

嘉定万寶（鐵母）

蔡啓祥藏

大宋元寶・背利州行使（鐵母）

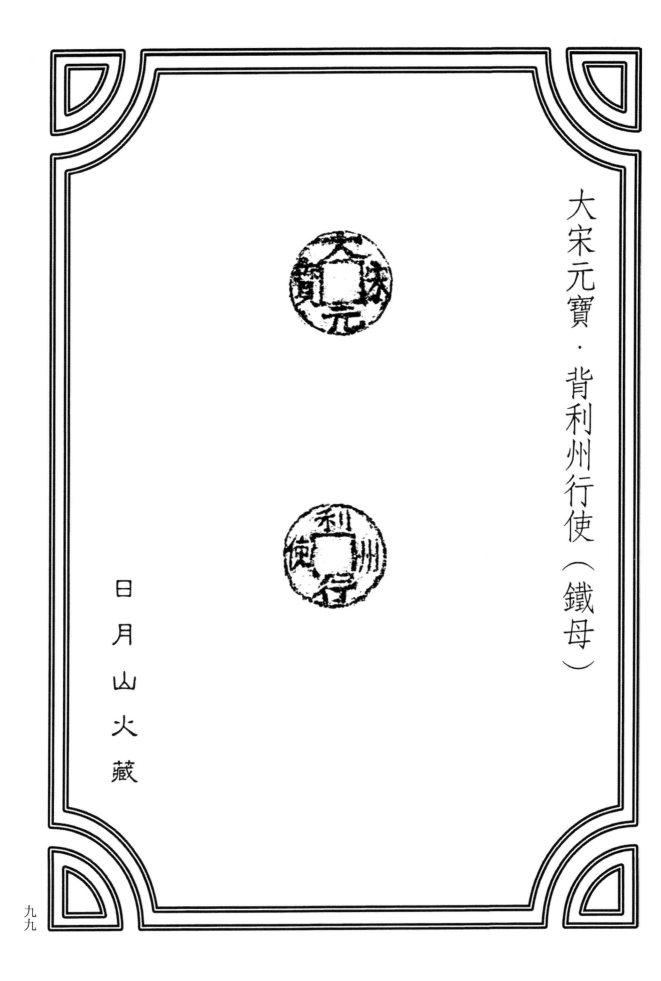

日月山火藏

端平重寶

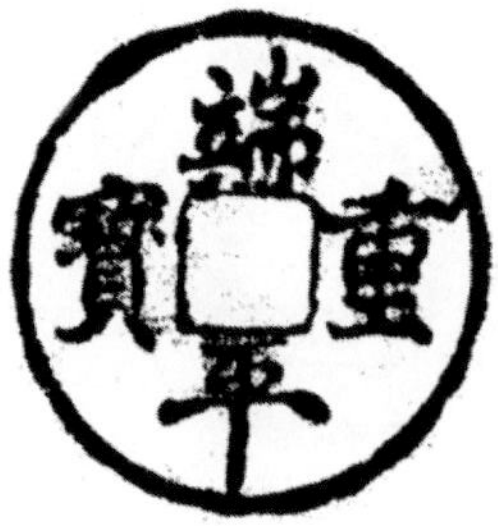

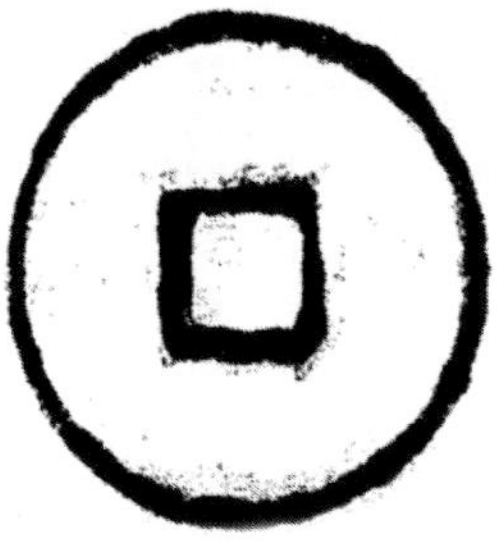

賴立川藏

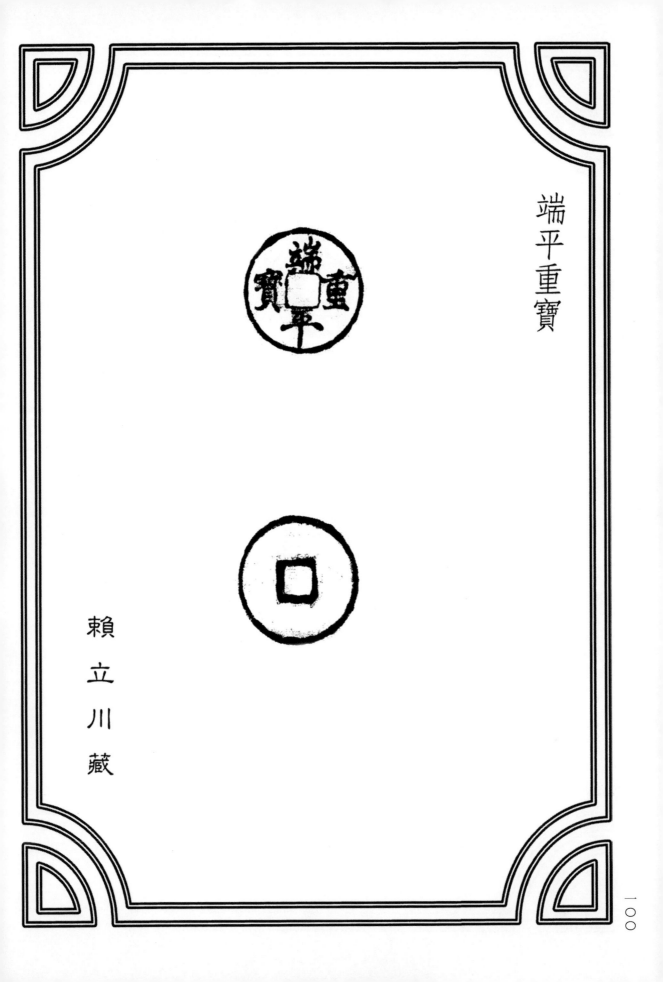

淳祐通寶（小平空背）

秦德進藏

應感通寶

秦德進藏

統和元寶

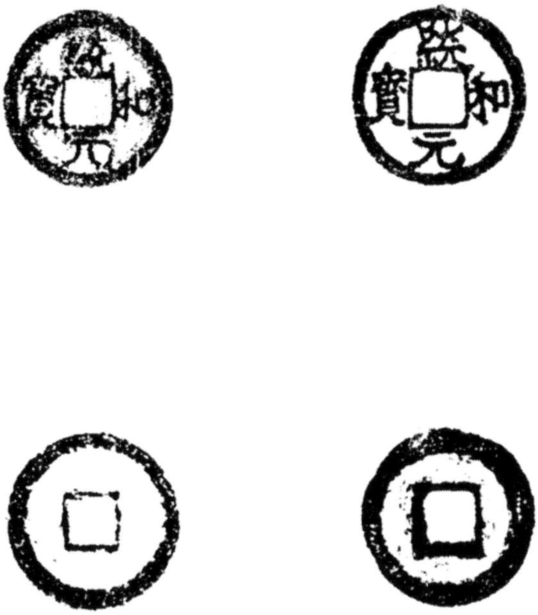

蔡啓祥藏

乹統元寶（鉛）

林春雄藏

百貼之寶

巡貼千寶

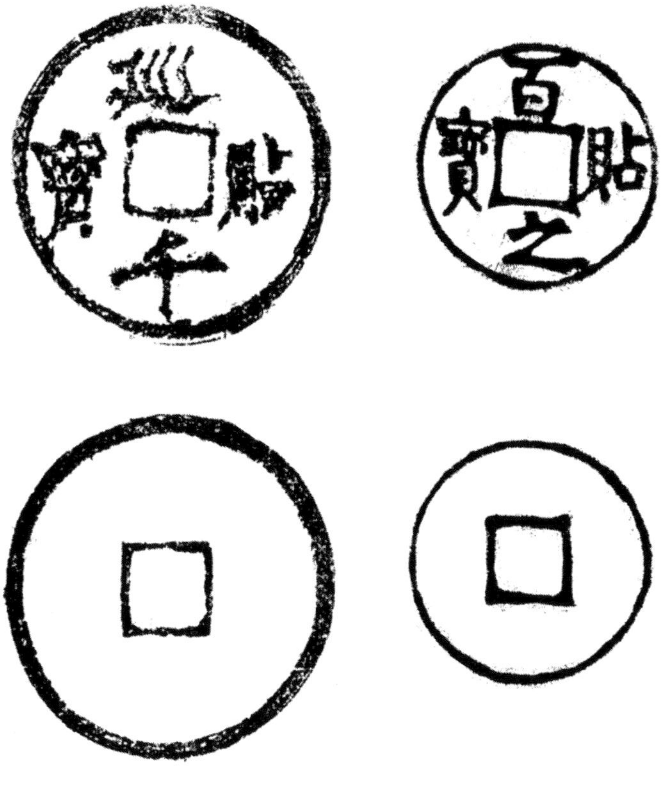

秦德進藏

蔡啓祥藏

重臣千秋・背福德吉利

林春雄藏

四元天王

林春雄藏

大定通寶・合背

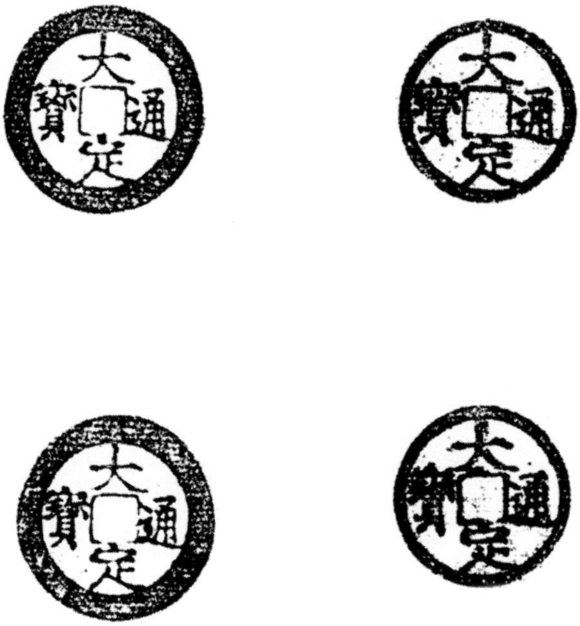

林春雄藏

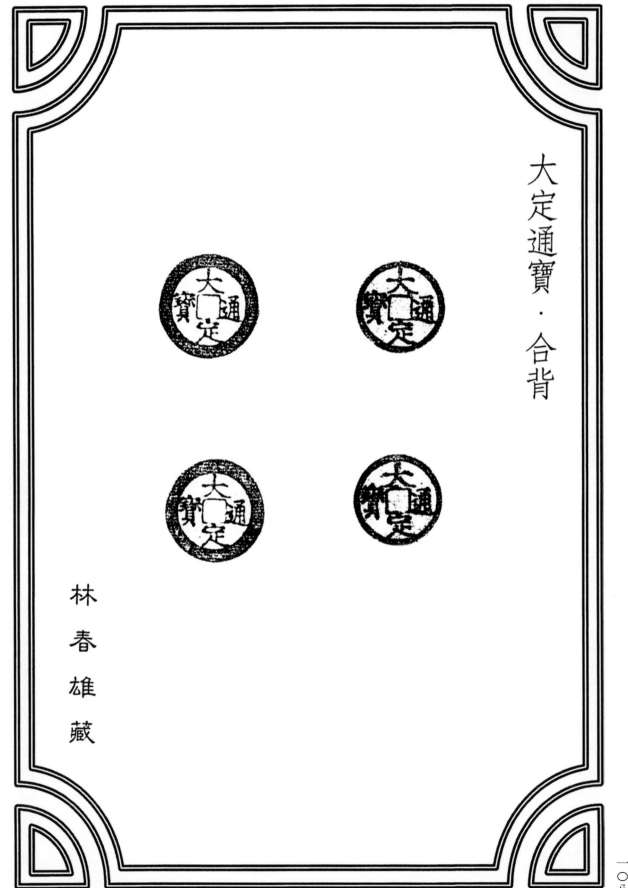

泰和通寶　小平、當三

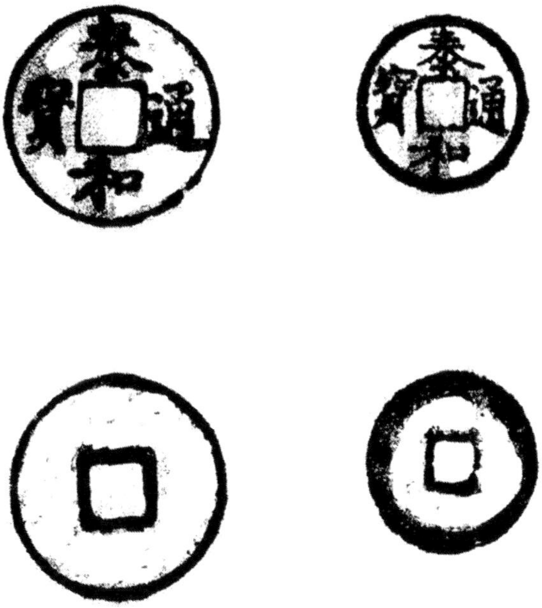

賴立川藏

泰和通寶　折十

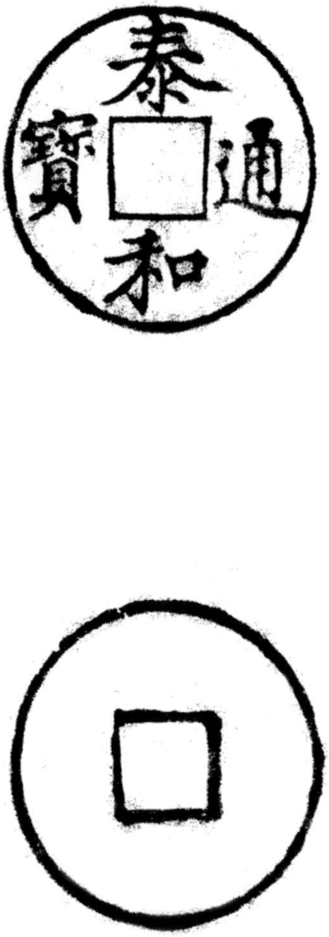

秦德進藏

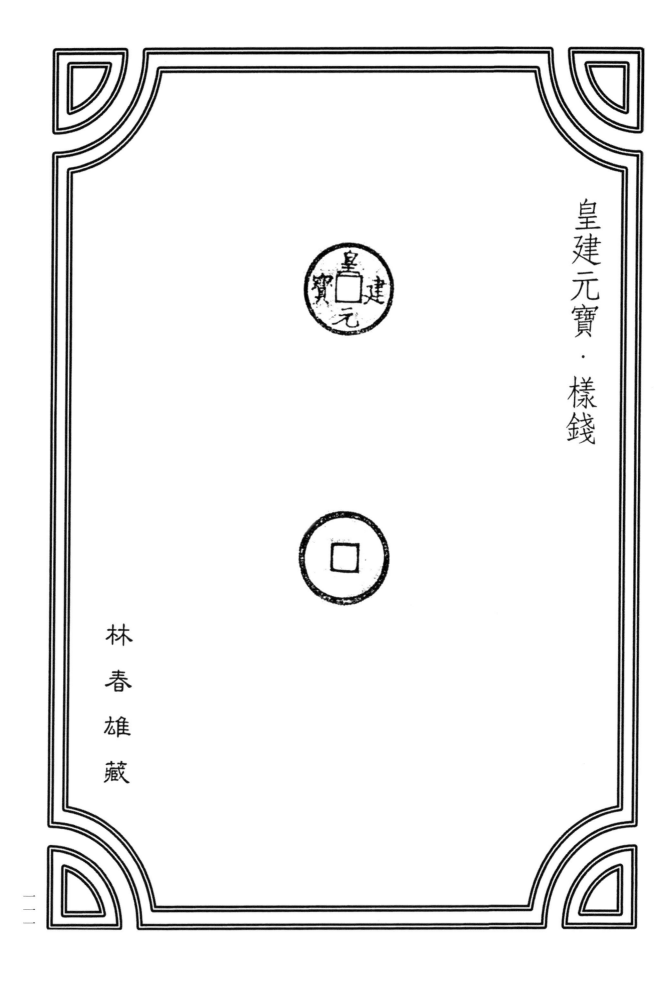

皇建元寶・樣錢

林春雄藏

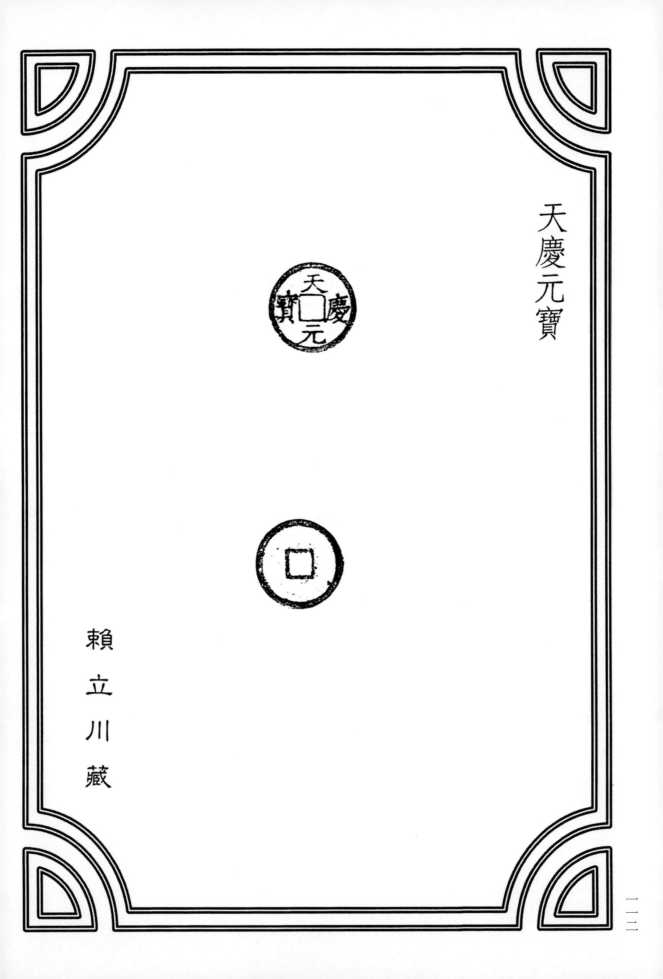

天慶元寶

賴立川藏

大元國寶

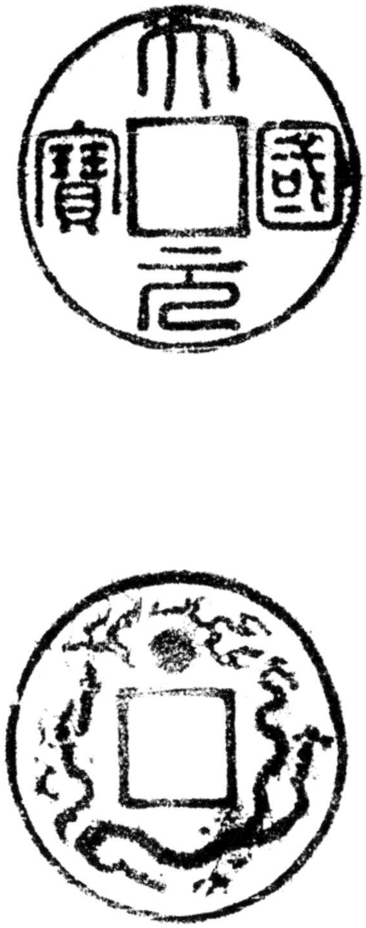

林春雄藏

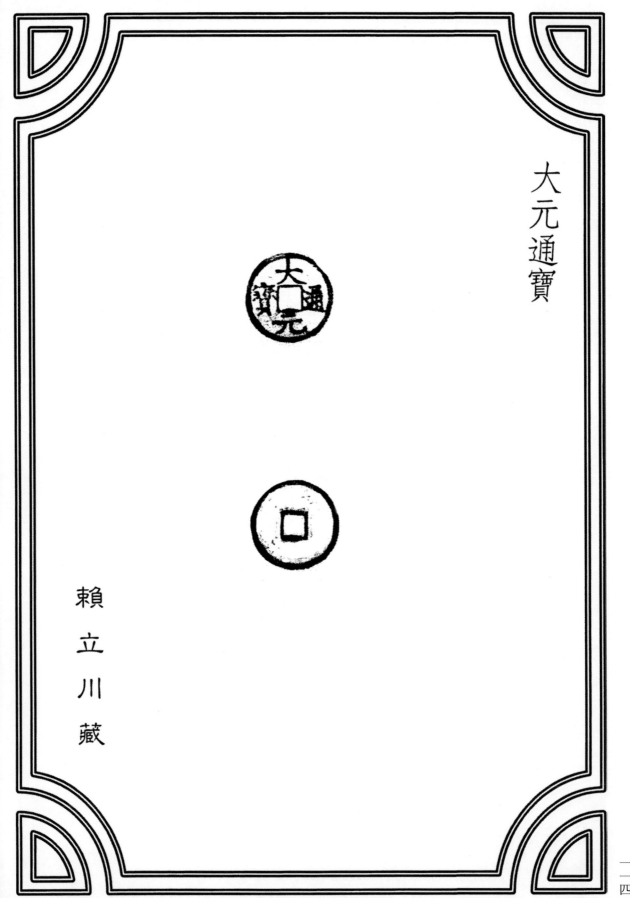

大元通寶

賴立川藏

元貞元寶

賴立川藏

至正之寶・權鈔伍分

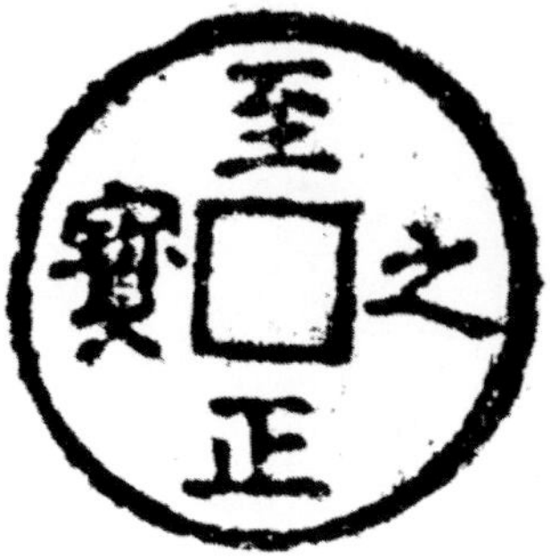

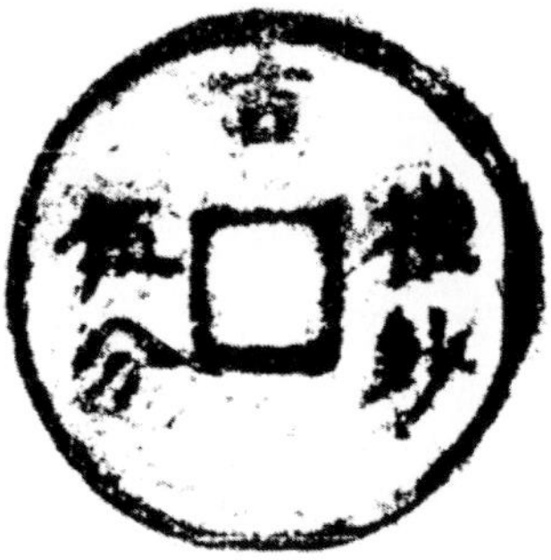

蔡啓祥藏

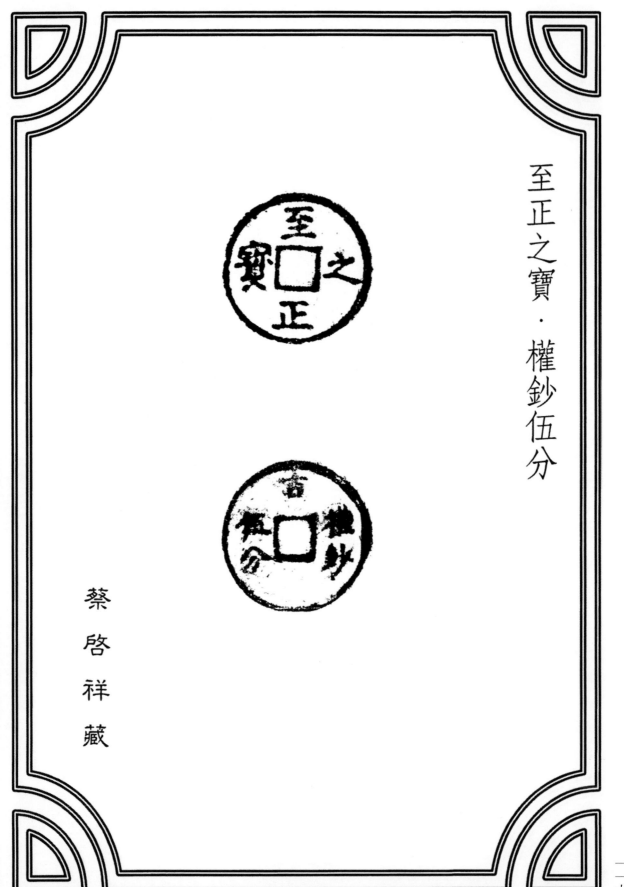

至正之寶·權鈔壹錢

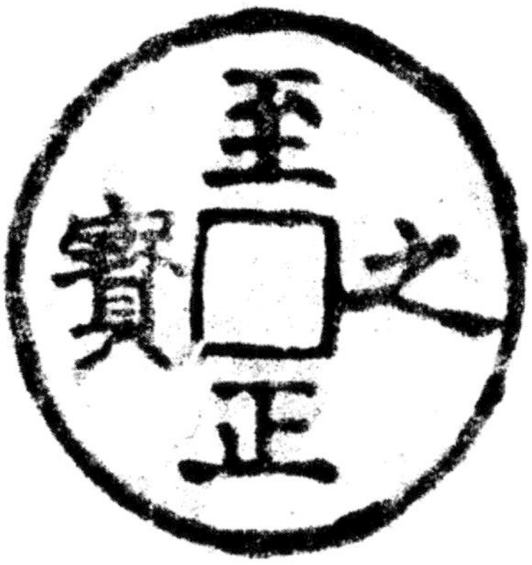

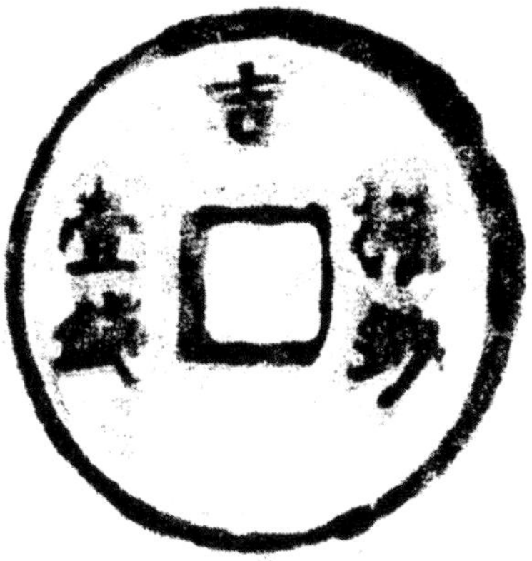

秦德進藏

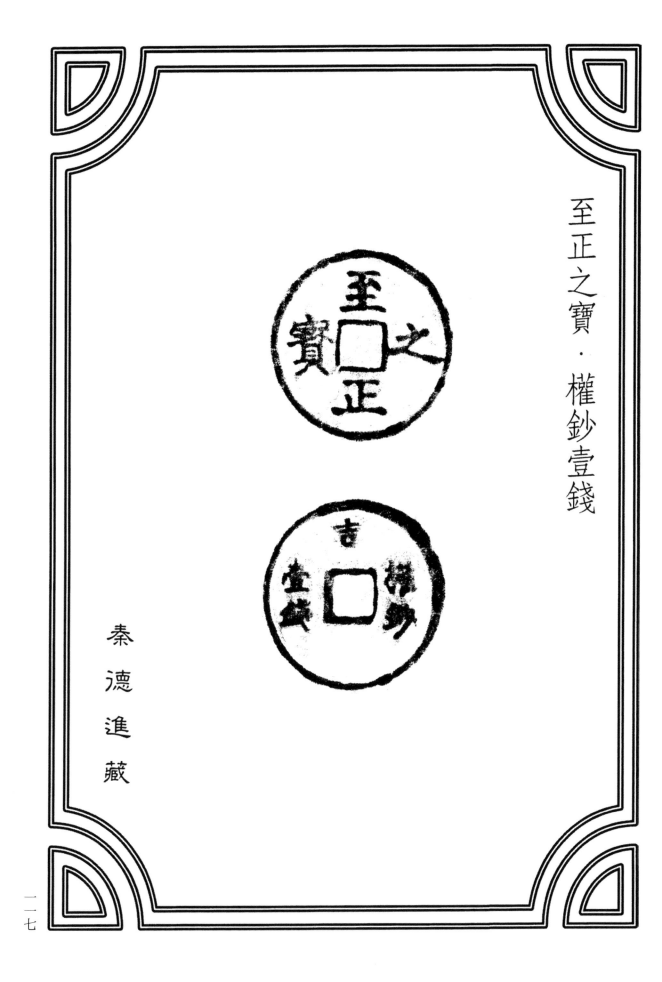

至正之寶・權鈔壹錢伍分

賴立川藏

至正之寶·權鈔伍錢

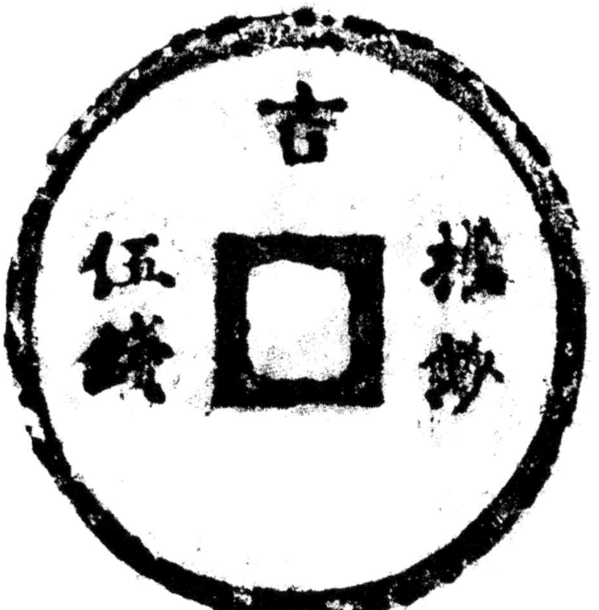

賴立川藏

至正通寶・背寅

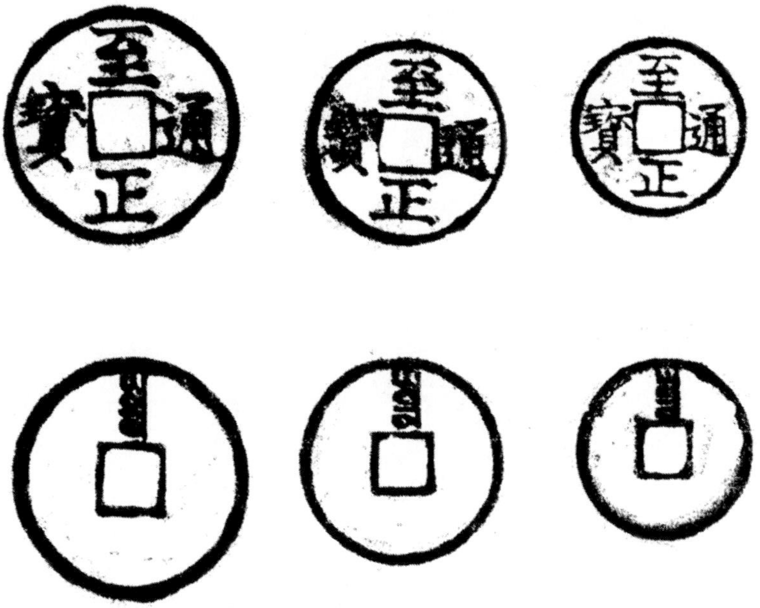

賴立川藏

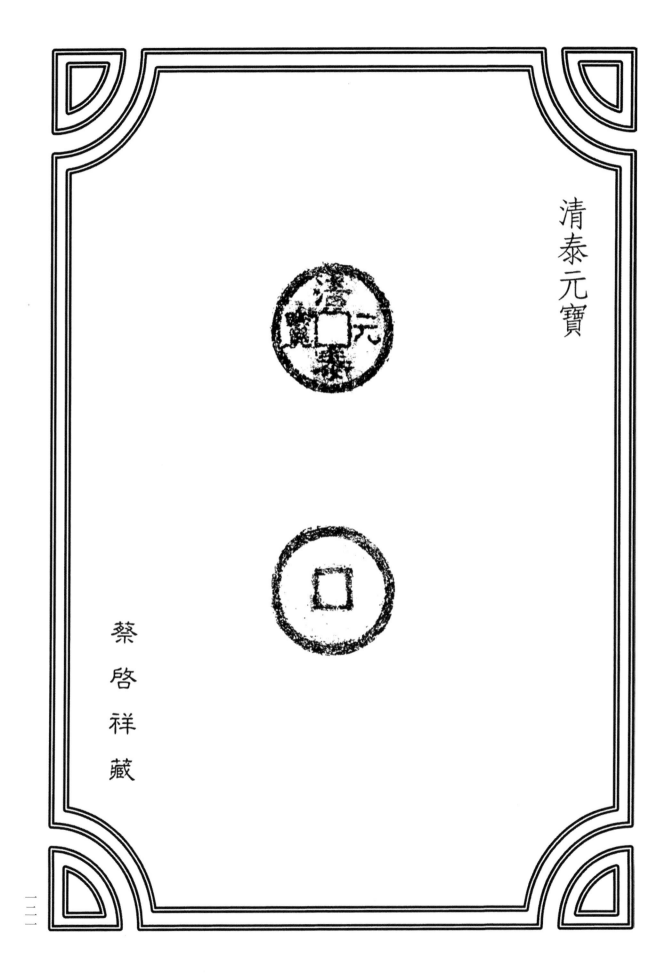

清泰元寶

蔡啓祥藏

徐天啟通寶　小平、小平大樣

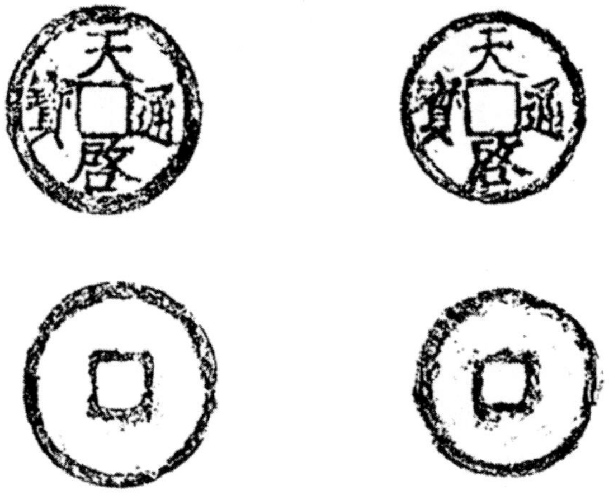

日月山火藏

徐天啟通寶　折二、當三

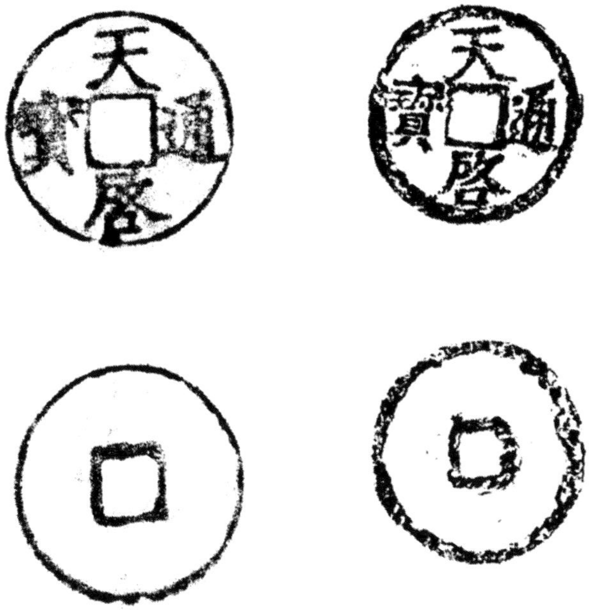

日月山火藏

秦德進藏

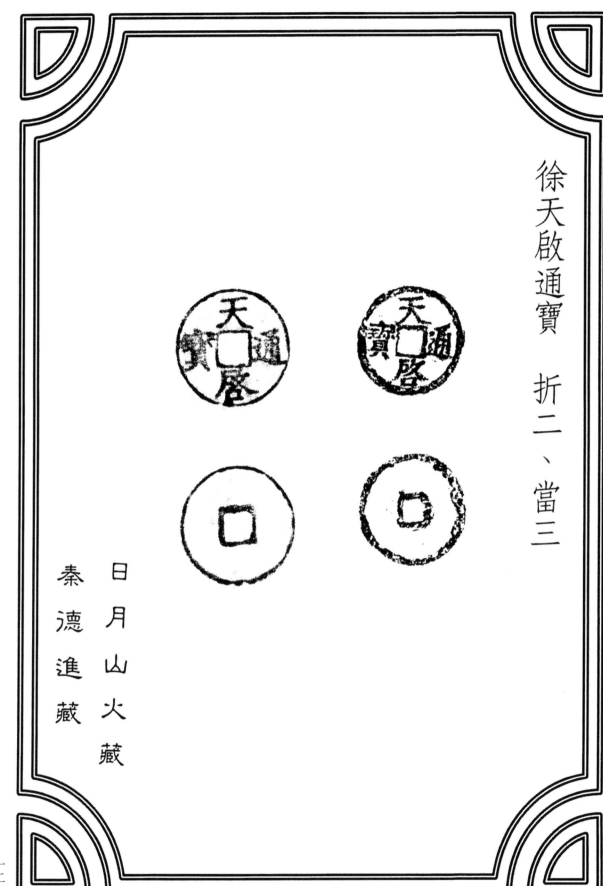

天佑通寶・背貳

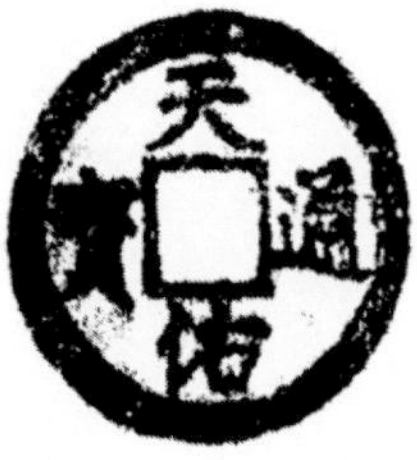

秦德進藏

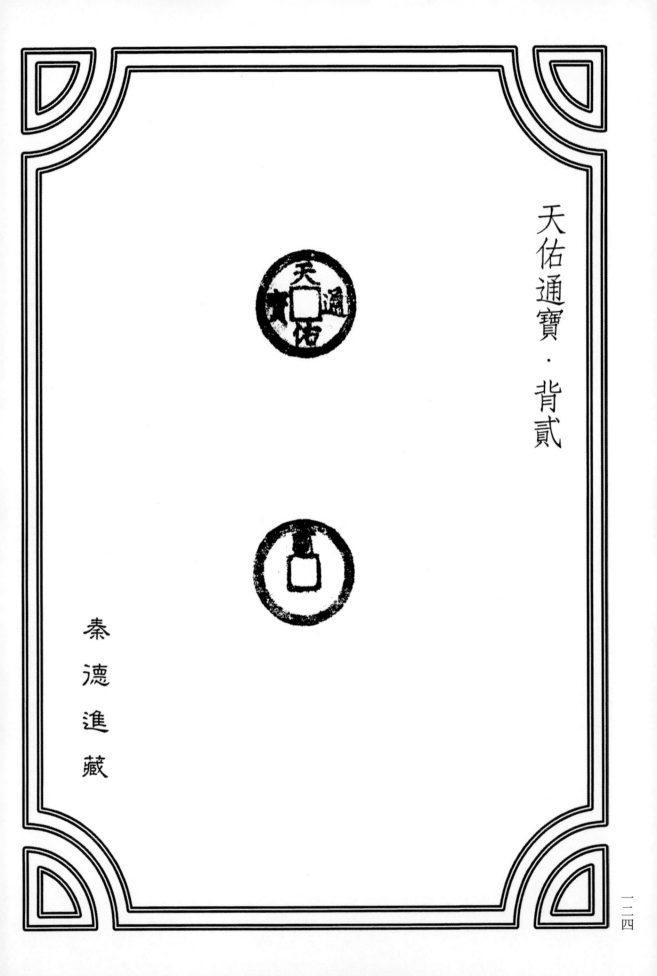

天佑通寶（小平空背）

秦德進藏

龍鳳通寶・小平、當三

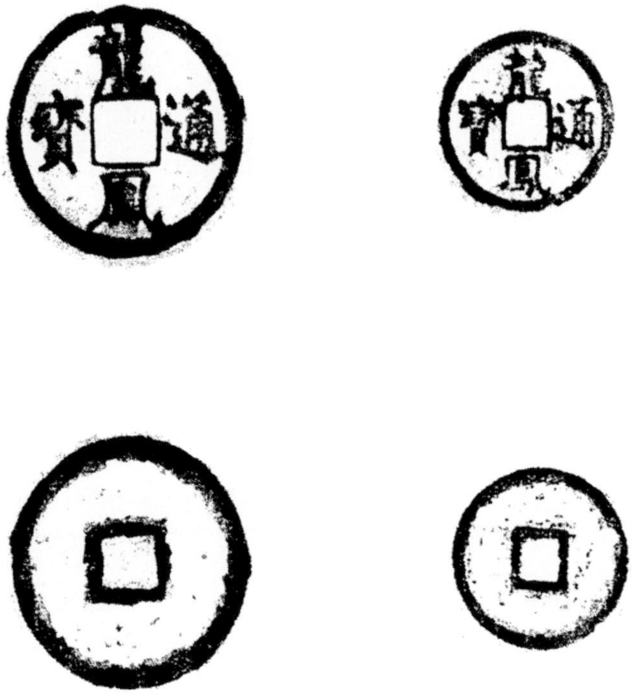

賴立川藏

秦德進藏

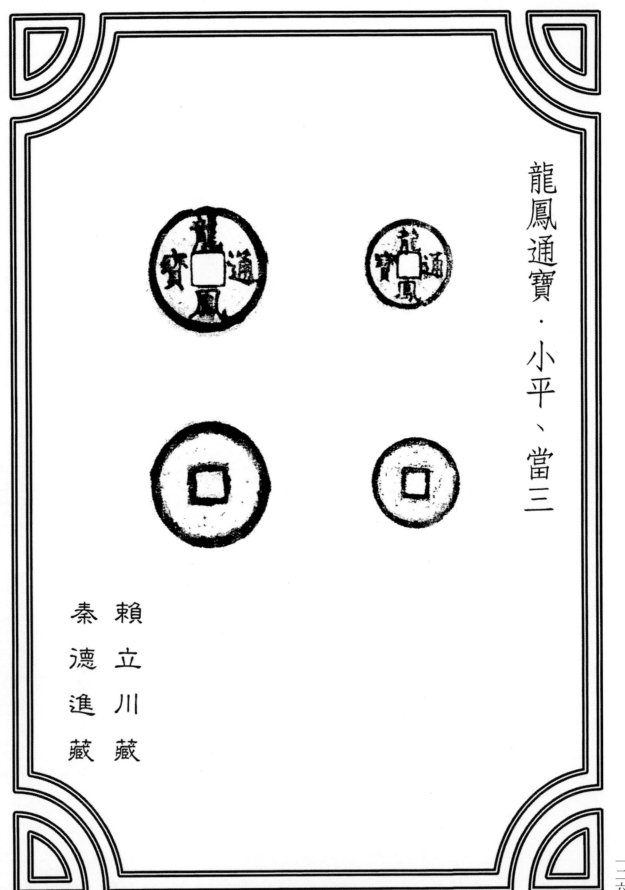

嘉靖通寶大錢

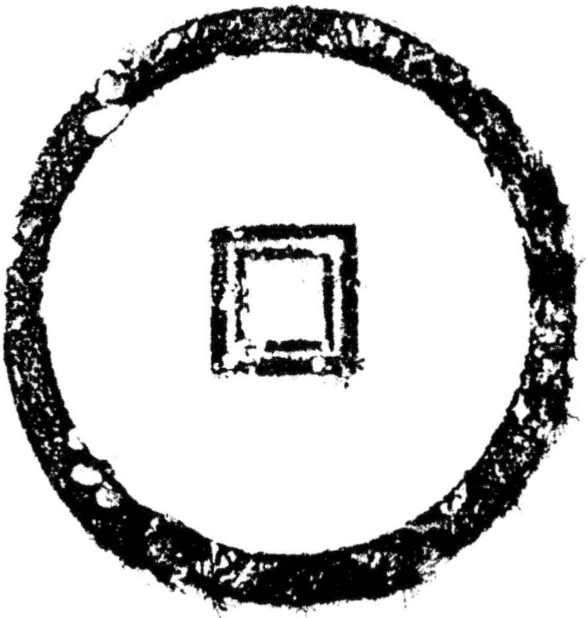

林春雄藏

崇禎通寶・背左二

日月山火藏

永曆通寶・背御、敕、道

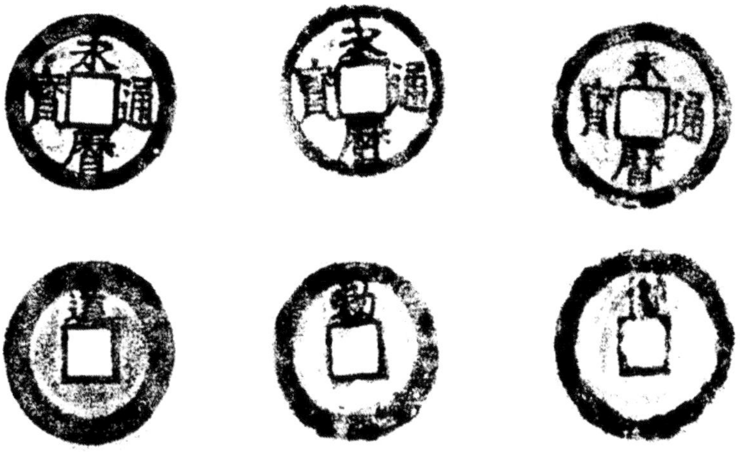

王紀耕藏

雍正通寶・寶蘇局、寶河局・合面

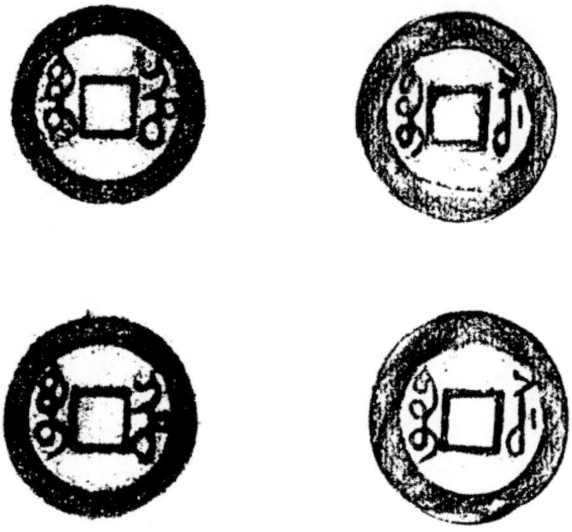

日月山火藏

乾隆通寶（母錢）

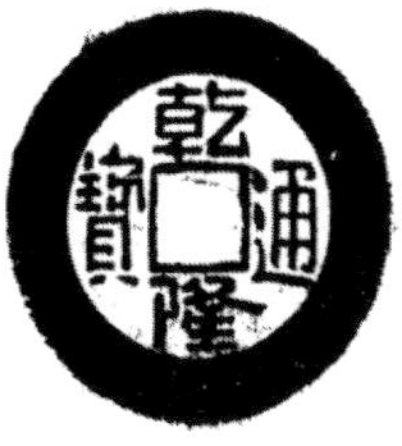

日月山火藏

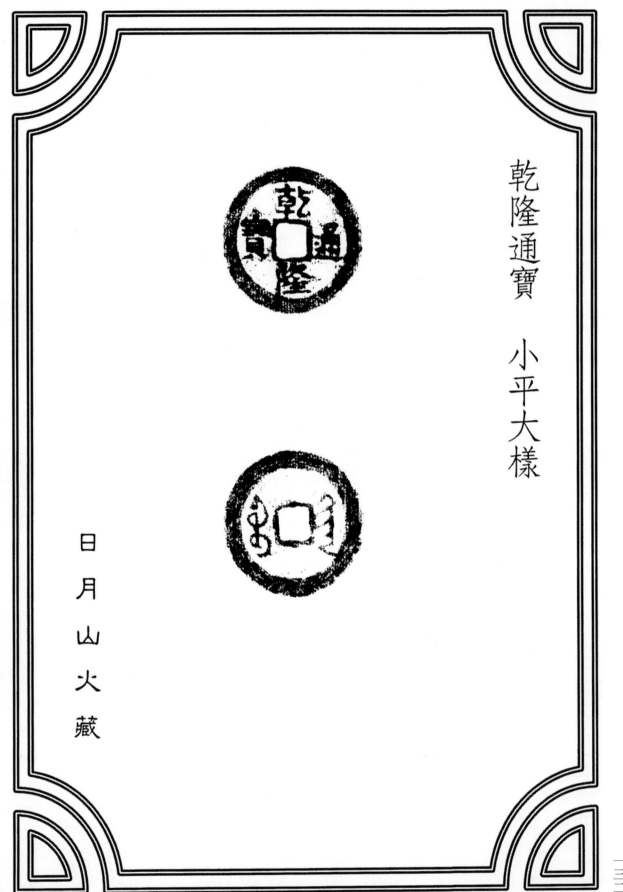

乾隆通寶　小平大樣

日月山火藏

乾隆通寶・合背、逆背

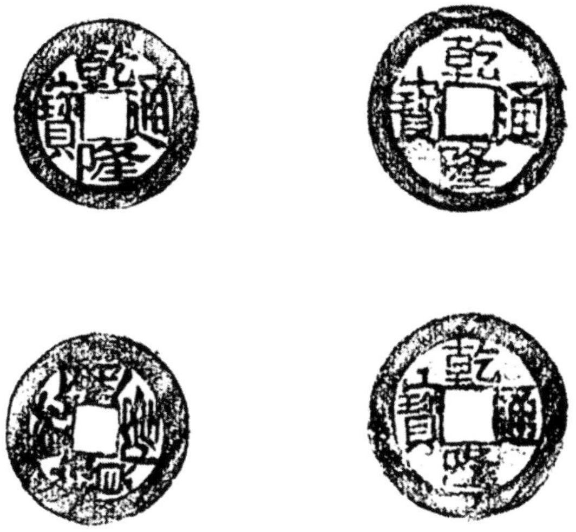

日月山火藏

道光通寶・合背

同治通寶・逆背

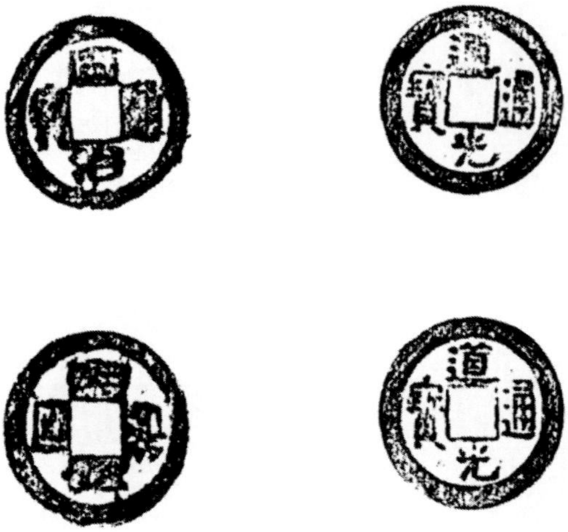

日月山火藏

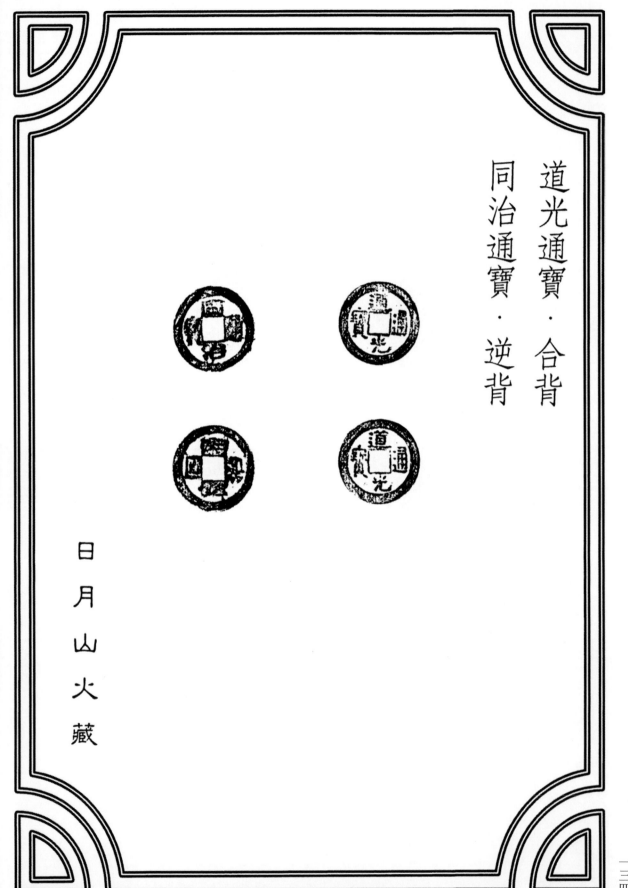

試鑄大吉・江寧局

日月山火藏

道光通寶（母錢）

日月山火藏

咸豐重寶・背寶安當五十

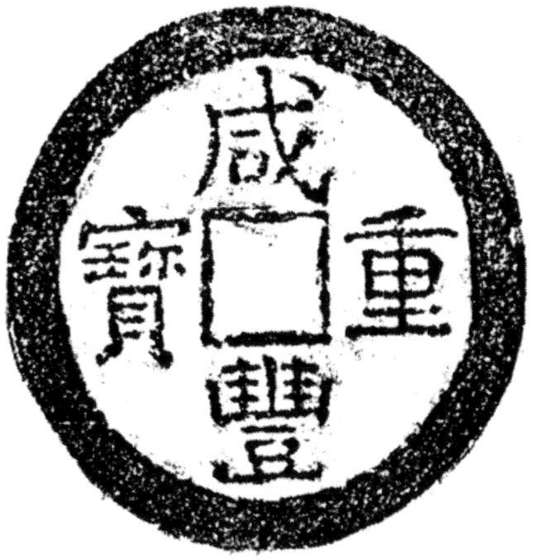

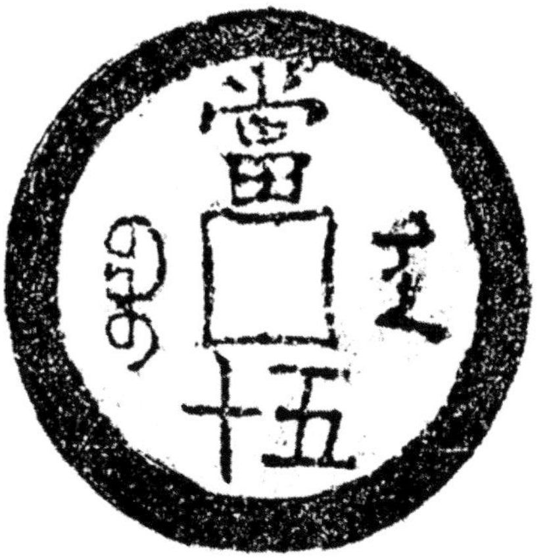

蔡啓祥藏

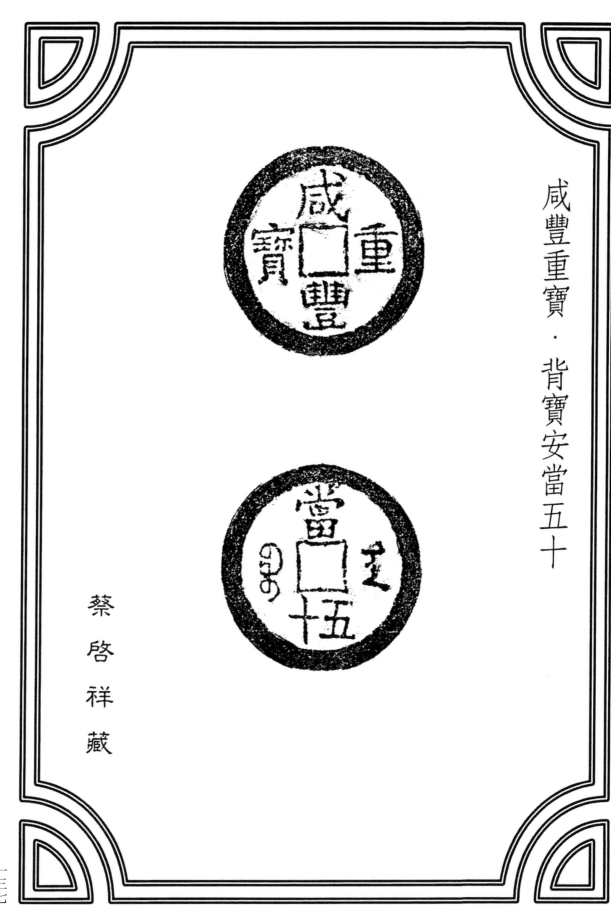

咸豐通寶・背二十 一兩五錢

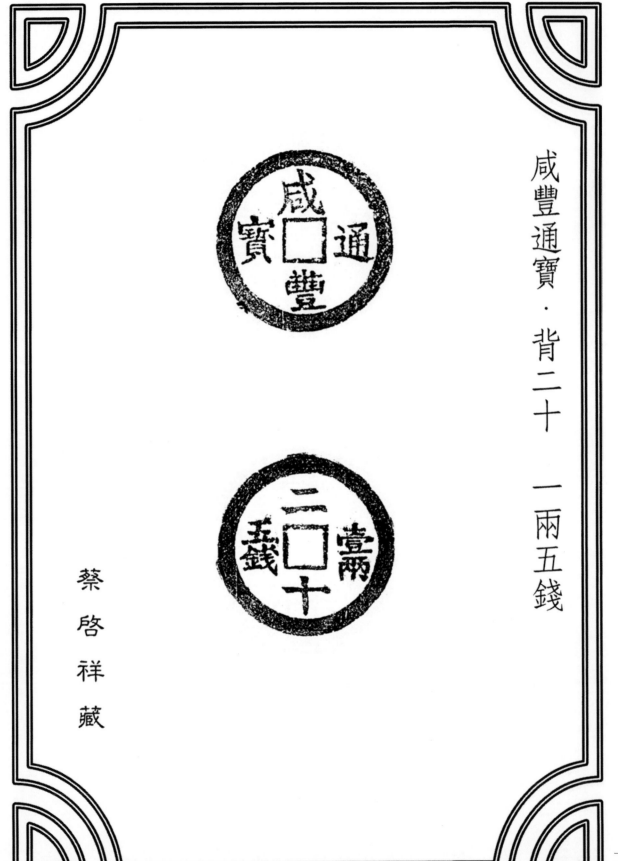

蔡啓祥藏

咸豐重寶·背寶福一百　計重五兩

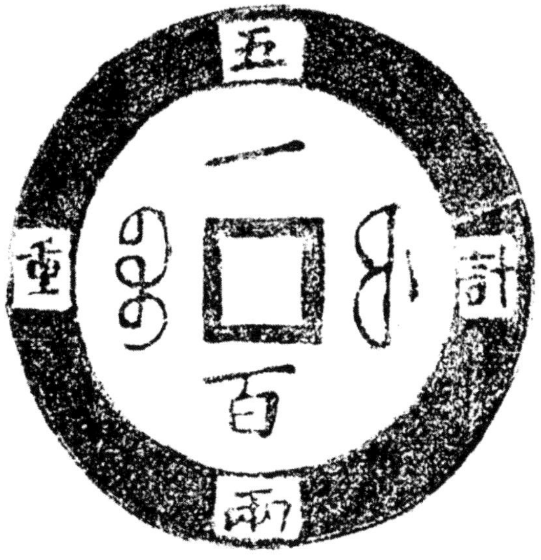

蔡啓祥藏

咸豐重寶・背寶泉拾文

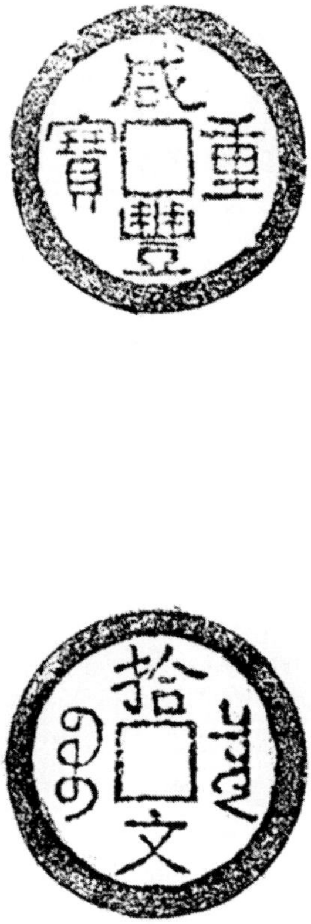

蔡啓祥藏

咸豐重寶・背寶阿克蘇　當五十

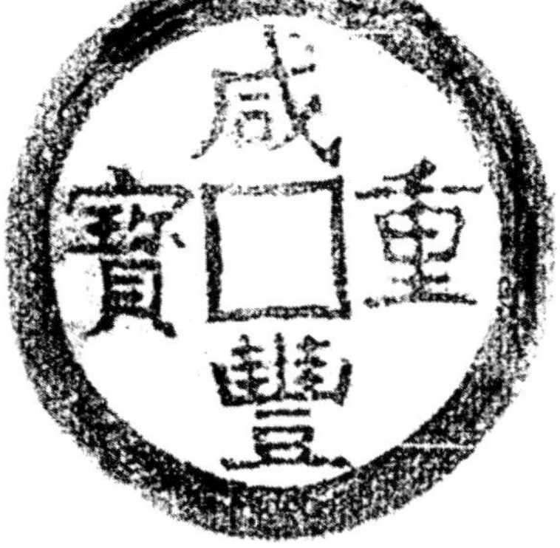

蔡啓祥藏

光緒通寶（雕母）

日月山火藏

光緒通寶・背元、亨、利、貞

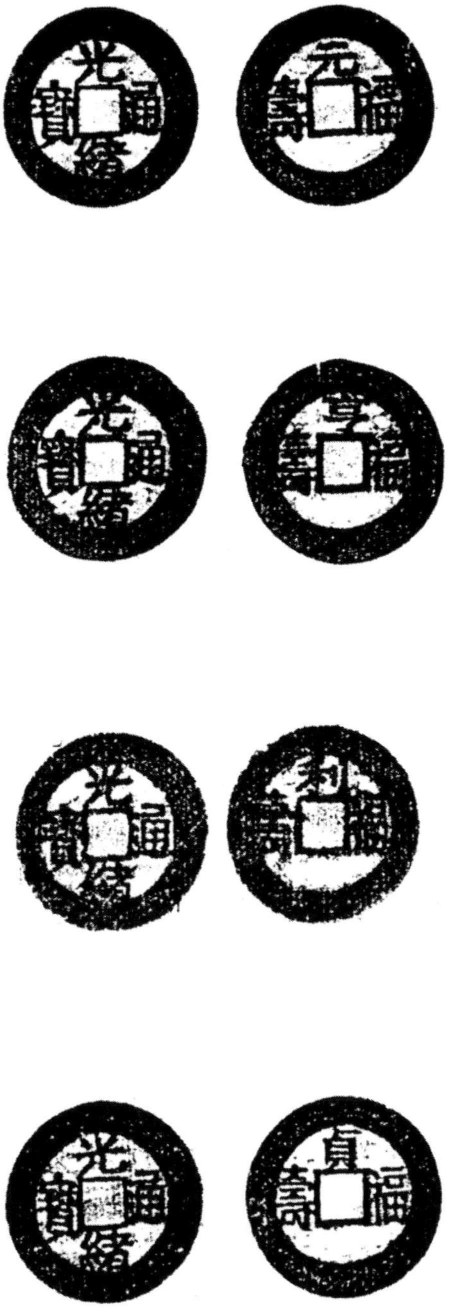

日月山火藏

光緒通寶·寶川局連錢

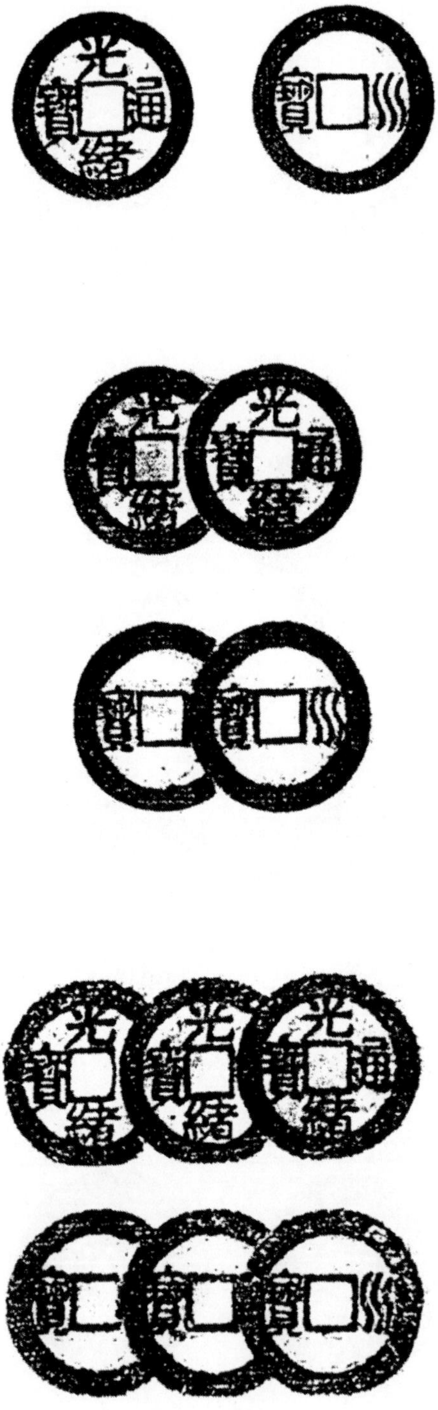

日月山火藏

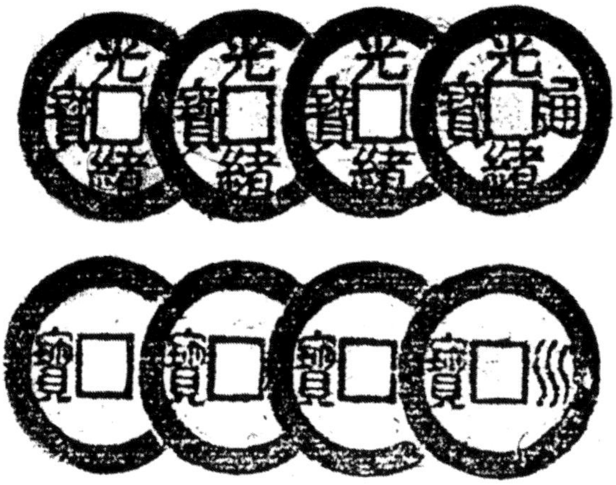

日月山火藏

光緒通寶　寶東局　詩錢一套

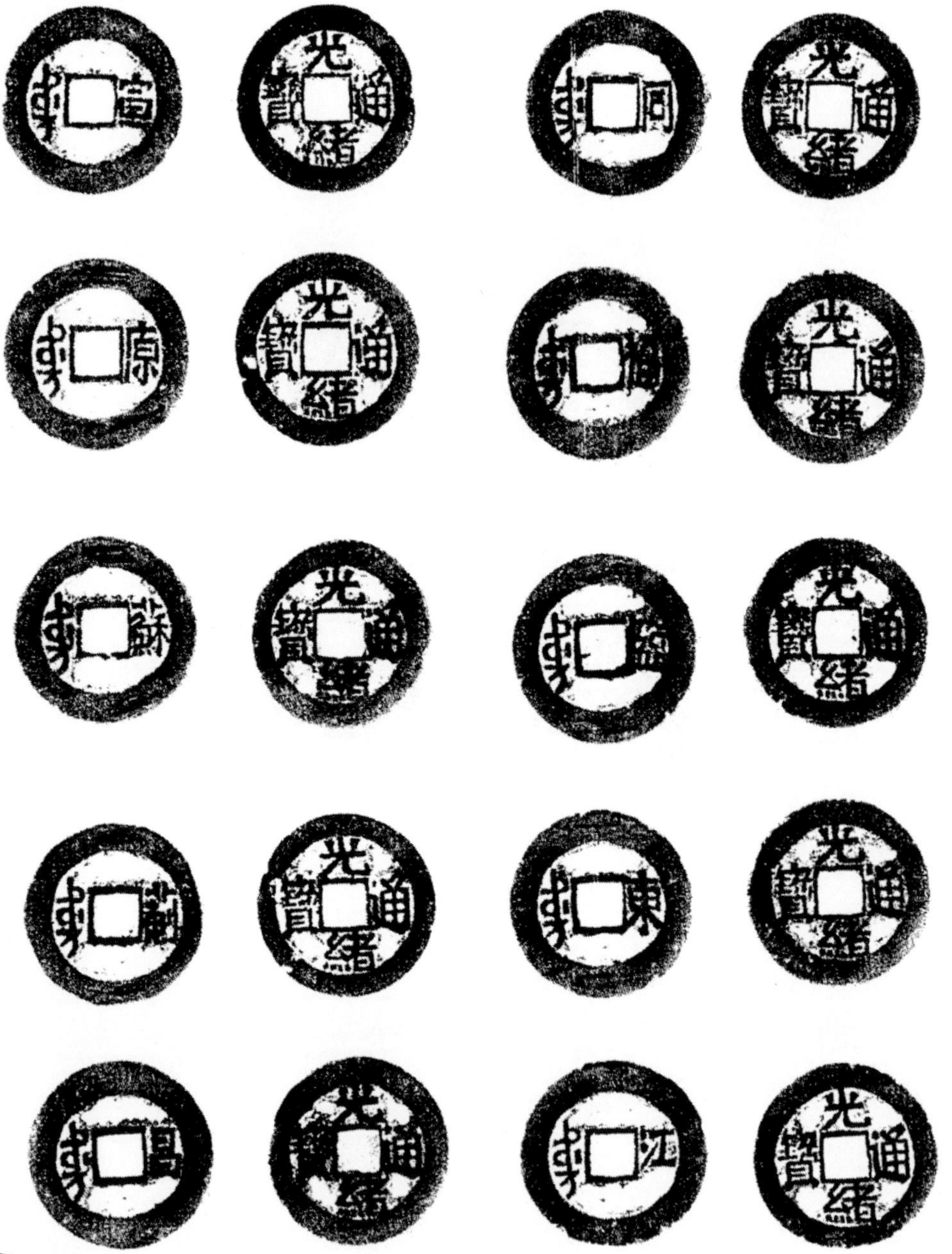

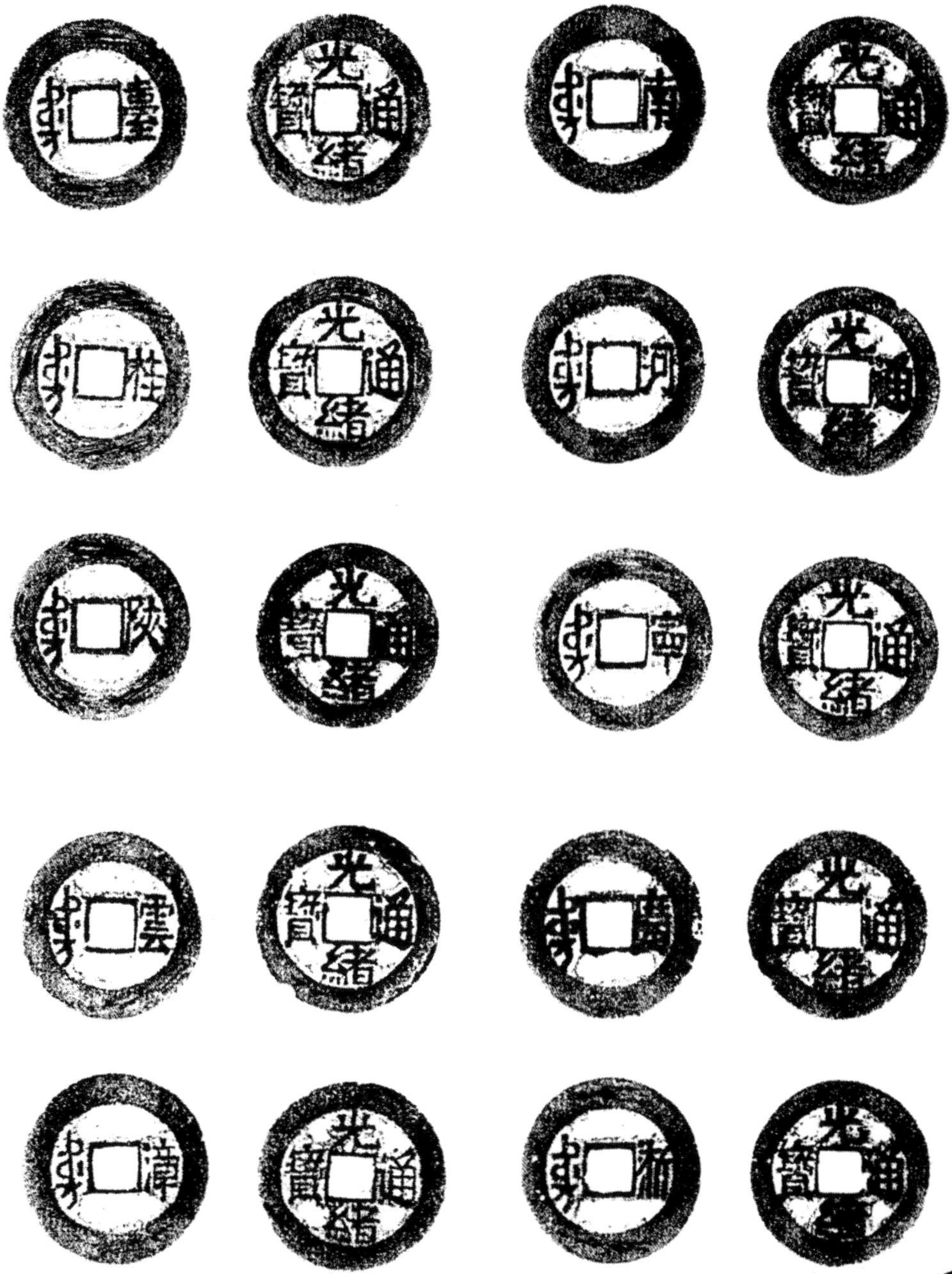

日月山火藏

太平天國・背聖寶

賴立川藏

天國・背聖寶

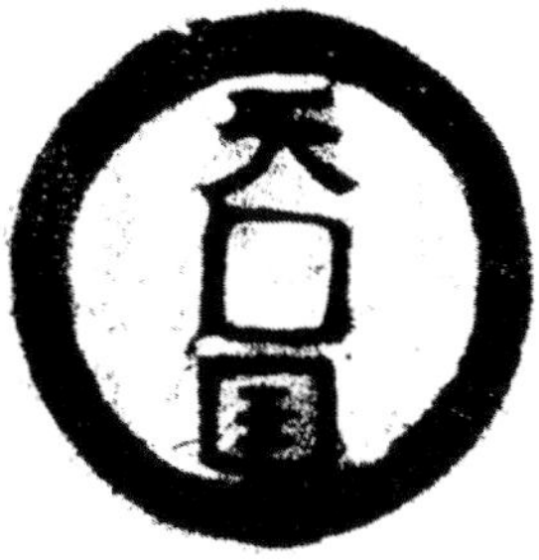

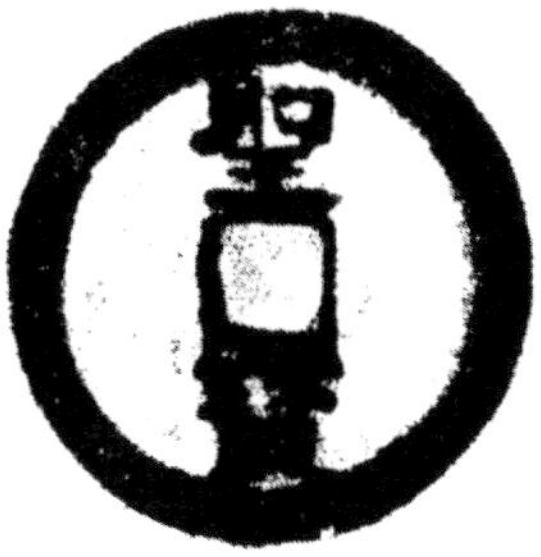

賴立川藏

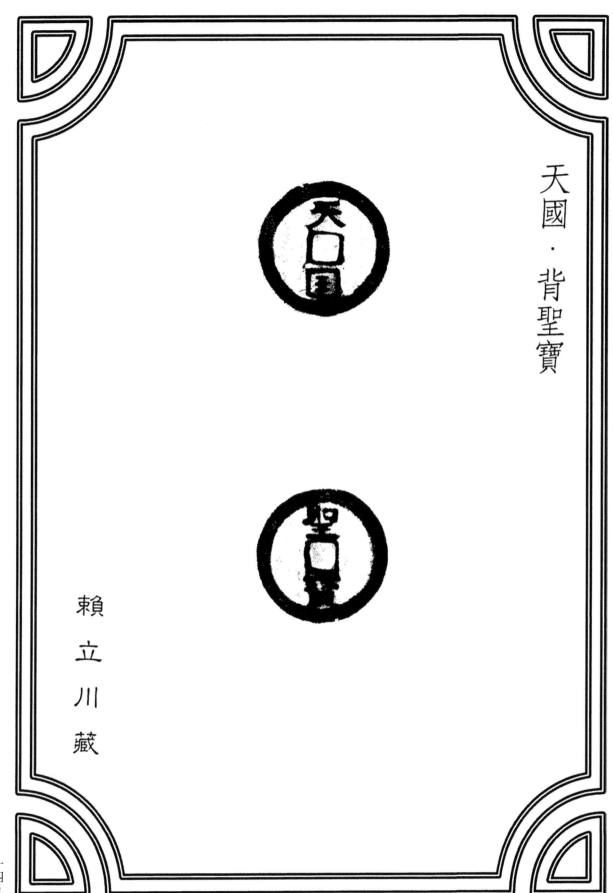

義記金錢・背天

秦德進藏

西域回回

蔡啓祥藏

陳公新寶

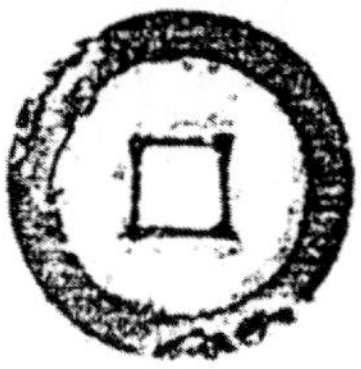

林春雄藏

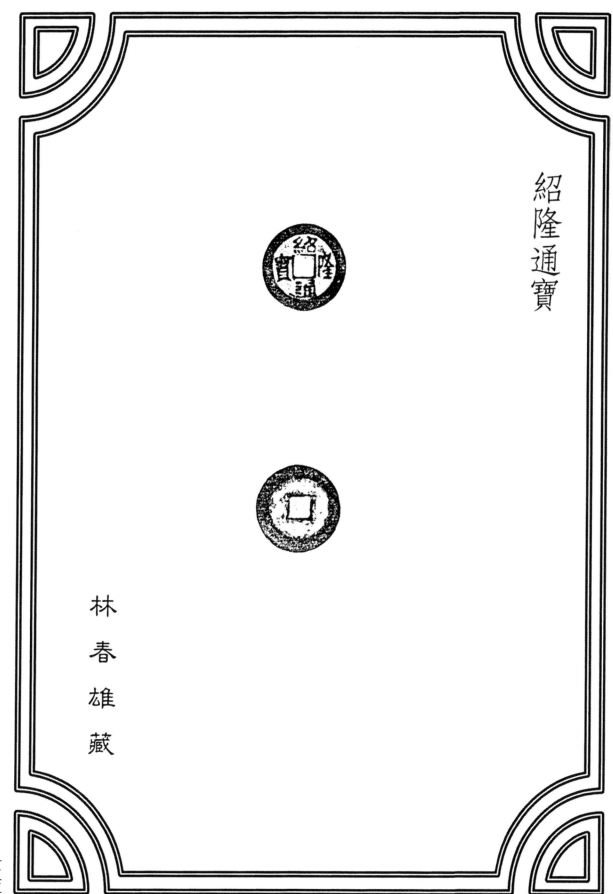

紹隆通寶

林春雄藏

古泉雅集　錢拓　後記感言

賴立川

中華文化淵遠流長，我喜歡古錢首重其歷史價值。每一枚錢幣都有其歷史背景，代表了當時社會的文化，經濟，政治，工藝水準。至於其珍稀程度，價格高低，則是在我收集古錢時次要的考量。

中國古錢自清朝末年起，因國力不振，即大量外流。有些是透過貿易流出，更有像日本大量收購中國珍貴的古錢。如戰國三孔布在日本的數量竟比我們自己還多。十幾年前大陸剛改革開放時，古錢也大量流到台灣，香港，日本等地，那時台灣的錢幣商每家都有成堆的古錢。筆者也就在那時對古錢感到興趣，抱著一份保存中華文化遺產的使命開始收集古錢。時至今日，隨著經濟能力的消漲，大陸有能力購買古錢的人愈來愈多；且對岸也將古錢列為文物嚴加保護，禁止出口。所以在台灣能買到的古錢愈來愈少；而中國隨著經濟有能力的提升，能夠保存祖先留下來的家產，我的內心是高興的。

我是一個上班族，每月領固定薪水。除支付房貸，子女教育費用及日常開銷外，已所剩無多。碰到價格較高的泉品有時內心會掙扎許久，有時出於無奈，只得與老闆情商，讓我先將泉品訂下，採用分期付款的方式，有多少錢就付多少，待付清之日再取泉品。像至正之寶壹錢伍分及伍錢我付了半年，而王莽十布則長達一年，雖不致挨餓受凍，卻也是節衣縮食，要不是對古錢的熱愛何以至此。

常有人說古錢是寂寞的收藏，因古錢收集並不普遍，算是冷門的興趣；許多人只是孤獨的在尋錢，玩錢，而我有幸能參加由啟祥兄等發起的「古泉雅集」，每位都是收藏及研究古錢頗有成就者。大夥每月固定聚會，暢談古泉種種，豐富了我的泉識，每次大家拿出各人的藏品供欣賞，提高對泉品評鑑能力，更有臺灣泉界前輩蔡養吾老師給大夥指導，使我們獲益良多。古錢是數千年來祖先留給我們遺產，欣賞錢文書法之美，代表了我國的文化，鑄造工藝之精展現先人的技術，古錢見證了悠久歷史中的每一環節，收集保存古錢不但是興趣，也是中華民族子孫的責任。

蔡啟祥出品清單

項次	名　　稱	直徑(mm)	重量(g)
1	多字聳肩空首布（□□黃釿）	-	34.8
2	多字博山刀（今釋：莒治大化？）	-	13.9
3	閔（刀幣）	-	9.9
4	晉匕	-	4.9
5	晉陽匕	-	2.6
6	榆次	-	13.5
7	易人	-	11.5
8	半寰	28.0	4.4
9	么泉一十	14.0	1.5
10	幼泉二十	17.0	2.7
11	中泉三十	20.5	2.1
12	壯泉四十	22.5	2.7
13	永光	18.5	2.0
14	景和	19.0	1.1
15	順天元寶（開爐錢）	35.0	23.0
16	縮水淳化	23.5	2.5
17	祥符通寶	28.5	7.6
18	九疊皇宋	23.0	2.5
19	崇寧重寶（鐵母）	31.5	10.3
20	淳熙元寶．背同（鐵母）	28.5	9.3
21	嘉定万寶（鐵母）	31.0	9.3
22	統和元寶	23.0	3.6
23	統和元寶	24.0	3.9
24	巡貼千寶	45.0	23.5
25	至正之寶．權鈔伍分	41.0	25.7
26	清泰元寶	34.0	18.1
27	咸豐重寶．背寶泉拾文	35.0	15.0
28	咸豐重寶．背寶安當五十	66.0	56.9
29	咸豐通寶．背二十　壹兩五錢	49.5	48.0
30	咸豐重寶．背寶福一百　計重五兩	72.0	87.5
31	咸豐重寶．背寶阿克蘇　當五十	53.5	57.0
32	西域回回	19.0	6.1

張豐志出品清單

項次	名　　稱	直徑(mm)	重量(g)
1	平肩弧足空首布 二	-	15.5
2	平肩弧足空首布 十	-	10.9
3	斜肩弧足空首布 武安	-	23.3
4	平肩弧足空首布 安藏（省筆？）	-	20.8
5	平肩弧足空首布 文貨	-	15.3
6	離石・背廿	-	7.1
7	閔・背六五	-	9.8
8	陰晋半釿	-	6.5
9	陰晋一釿	-	10.6
10	高半釿	-	6.4
11	高安一釿	-	13.5
12	虞半釿	-	4.9
13	殊布當十化・背十貨	-	20.7
14	四布十化	-	10.0
15	級小型尖首刀	-	6.7
16	小型尖首刀	-	2.9
17	茲氏	-	11.0
18	甘丹	-	12.3
19	大陰	-	14.1
20	晋陽	-	13.7
21	閔（尖足布）	-	12.3
22	邪山	-	11.7
23	東周	22.0	3.4
24	西周	22.0	4.4
25	長安	18.5	2.3
26	文信	20.0	4.2
27	閔（圜錢）	33.0	11.0
28	濟陰	31.3	8.2

王紀耕出品清單

項次	名　　稱	直徑(mm)	重量(g)
1	平肩弧足空首布 官考（今釋：官市）	-	22.4
2	安邑半釿	-	7.9
3	安陰	-	7.1
4	安陰一	-	5.8
5	安陰二	-	11.8
6	梁半釿	-	7.1
7	梁一釿	-	10.8
8	梁二釿	-	33.9
9	晉陽半釿	-	7.5
10	晉陽一釿	-	14.8
11	虞一釿	-	14.2
12	涅金	-	19.1
13	齊之法化・背法甘	-	51.2
14	節墨法化・背上	-	37.1
15	涼造新泉（小字）	21.0	1.8
16	涼造新泉（大字）	21.0	2.5
17	永曆通寶・背御	25.3	3.0
18	永曆通寶・背敕	23.6	3.4
19	永曆通寶・背道	24.3	4.1

日月山火出品清單

項次	名　稱	直徑(mm)	重量(g)
1	永光	19.0	1.3
2	景和	19.0	1.6
3	祥符元寶·餅錢	38.7	18.0
4	至和重寶·背坊	35.0	10.4
5	元祐通寶（鐵母）	33.6	12.9
6	元祐通寶（鐵錢）	33.5	13.1
7	崇寧元寶（銀）	23.5	3.0
8	宣和元寶（銀）	23.1	2.3
9	淳熙元寶·背同（鐵母）	27.5	6.5
10	淳熙元寶·背利（鐵母）	29.7	9.1
11	開禧通寶·背春三（鐵母）	28.5	7.8
12	大宋元寶·背利州行使（鐵母）	29.0	6.2
13	徐天啟通寶　小平	23.1	3.2
14	徐天啟通寶　小平大樣	25.0	3.9
15	徐天啟通寶　折二	29.5	6.6
16	崇禎通寶·背左二	28.0	6.9
17	雍正通寶·寶蘇局·合背	24.0	4.5
18	雍正通寶·寶河局·合背	27.5	3.5
19	乾隆通寶（母錢）	28.5	7.2
20	乾隆通寶　小平大樣	40.1	9.7
21	乾隆通寶·合背	28.0	5.3
22	乾隆通寶·逆背	25.9	4.9
23	道光通寶·合背	22.5	3.0
24	同治通寶·逆背	23.2	4.0
25	試鑄大吉·江寧局	26.5	3.6
26	道光通寶（母錢）	25.0	3.7
27	光緒通寶（雕母）	23.5	4.8
28	光緒通寶·背元、亨、利、貞	-	-
29	光緒通寶·寶川局連錢	-	-
30	光緒通寶　寶東局　詩錢一套	-	-

林春雄出品清單

項次	名　　稱	直徑(mm)	重量(g)
1	齊化	-	14.8
2	一珠重一兩十四	38.0	9.8
3	第四	3.95	29.5
4	第十五	36.0	31.2
5	第十七	36.0	27.5
6	五銖（金）	24.0	6.2
7	天福元寶（官鑄大樣）	24.5	3.2
8	永平元寶	23.5	3.1
9	祥符通寶（銀）	24.0	3.6
10	紹聖通寶（鐵母）	24.5	5.3
11	乾道元寶（金）	19.5	3.8
12	乾道元寶・背松（鐵母）	27.0	8.9
13	嘉定元寶・背利州　伍（鐵母）	35.0	13.9
14	乹統元寶（鉛）	41.0	27.9
15	重臣千秋・背福德吉利	58.0	19.9
16	四元天王	35.5	15.2
17	大定通寶・小平 合背	23.5	2.5
18	大定通寶・折二 合背	27.5	5.7
19	皇建元寶・樣錢	24.5	2.9
20	大元國寶	47.0	30.8
21	嘉靖通寶大錢	70.0	108.6
22	陳公新寶	23.0	3.1
23	紹隆通寶	22.5	3.3

秦德進出品清單			
項次	名　　稱	直徑(mm)	重量(g)
1	齊造邦長法化	-	54.5
2	天策府寶	42.1	42.2
3	永通泉貨 隸書	38.0	21.1
4	永通泉貨 篆書	32.3	11.0
5	乾亨通寶	24.3	4.0
6	飛龍進寶	45.0	37.9
7	元祐通寶·背陝 行書	23.9	4.0
8	元祐通寶·背陝 篆書	24.0	3.8
9	紹聖元寶（鐵母）行書	35.0	16.3
10	紹聖元寶（鐵母）篆書	34.7	17.0
11	聖宋通寶	25.0	4.1
12	開禧通寶·背利	40.6	19.2
13	淳祐通寶（小平空背）	23.2	2.4
14	應感通寶	23.5	4.9
15	百貼之寶	33.9	12.8
16	泰和通寶　折十	43.7	21.7
17	至正之寶·權鈔壹錢	5.07	38.7
18	徐天啟通寶　當三	32.4	9.9
19	天佑通寶·背貳	29.0	6.5
20	天佑通寶（小平空背）	25.6	4.2
21	龍鳳通寶·當三	33.6	9.0
22	義記金錢·背天	3.7	20.0

賴立川出品清單

項次	名　　稱	直徑(mm)	重量(g)
1	離石・背五八	-	5.0
2	閔・背十一	-	11.4
3	一珠重一兩十二	39.8	13.4
4	一刀平五千	-	25.5
5	太清豐樂	23.3	2.8
6	兩銖	19.3	2.8
7	開元通寶・背上永	23.1	3.7
8	開元通寶・背下永	24.6	3.6
9	開元通寶・背上福	23.2	2.6
10	開元通寶・背下福	24.2	3.5
11	乾元重寶・背上祥雲	30.0	6.6
12	乾元重寶・背下祥雲	34.0	11.7
13	乾元重寶・背下瑞雀	31.0	7.9
14	天策府寶（鐵）	40.7	26.1
15	唐國通寶	31.5	10.8
16	宋元通寶（鐵母）	24.5	4.2
17	建炎重寶	33.6	7.5
18	端平重寶	33.6	12.7
19	泰和通寶　小平	24.5	4.4
20	泰和通寶　當三	30.4	6.3
21	天慶元寶	24.5	4.2
22	大元通寶	24.6	3.1
23	元貞元寶	25.8	6.4
24	至正之寶・權鈔壹錢伍分	60.5	53.1
25	至正之寶・權鈔伍錢	80.5	125.0
26	至正通寶・背寅 小平	24.6	3.8
27	至正通寶・背寅 折二	28.4	6.2
28	至正通寶・背寅 當三	33.1	12.2
29	龍鳳通寶・小平	24.5	3.5
30	太平天國・背聖寶	47.1	22.6
31	天國・背聖寶	36.5	22.5

國家圖書館出版品預行編目

古泉雅集 錢拓 / 古泉雅集編輯委員會作. --
一版. -- 臺北市 : 秀威資訊科技, 2006-
[民95-]
冊 ; 公分. -- (美學藝術類 ; PH0005-)(
古泉雅集叢書)
ISBN 978-986-7080-87-5 (第1冊 : 平裝)

1. 貨幣 - 中國

561.392 95017237

美學藝術類 PH0005

古泉雅集　錢拓

作　　者 / 古泉雅集編輯委員會
主　　編 / 蔡啟祥　賴立川
編輯委員 / 張豐志　王紀耕　日月山火　林春雄　秦德進
發 行 人 / 宋政坤
執行編輯 / 賴敬暉
圖文排版 / 張慧雯
封面設計 / 羅季芬
數位轉譯 / 徐真玉　沈裕閔
圖書銷售 / 林怡君
網路服務 / 徐國晉
出版印製 / 秀威資訊科技股份有限公司
台北市內湖區瑞光路583巷25號1樓
電話：02-2657-9211　傳真：02-2657-9106
E-mail：service@showwe.com.tw
經 銷 商 / 紅螞蟻圖書有限公司
台北市內湖區舊宗路二段121巷28、32號4樓
電話：02-2795-3656　傳真：02-2795-4100
http://www.e-redant.com

2006 年 9 月　BOD 一版
定價：250元

讀者回函卡

感謝您購買本書，為提升服務品質，請填妥以下資料，將讀者回函卡直接寄回或傳真本公司，收到您的寶貴意見後，我們會收藏記錄及檢討，謝謝！

如您需要了解本公司最新出版書目、購書優惠或企劃活動，歡迎您上網查詢或下載相關資料：http:// www.showwe.com.tw

您購買的書名：________________________________

出生日期：________年________月________日

學歷：□高中（含）以下　□大專　□研究所（含）以上

職業：□製造業　□金融業　□資訊業　□軍警　□傳播業　□自由業

　　　□服務業　□公務員　□教職　□學生　□家管　□其它_____

購書地點：□網路書店　□實體書店　□書展　□郵購　□贈閱　□其他

您從何得知本書的消息？

□網路書店　□實體書店　□網路搜尋　□電子報　□書訊　□雜誌

□傳播媒體　□親友推薦　□網站推薦　□部落格　□其他__________

您對本書的評價：（請填代號　1.非常滿意　2.滿意　3.尚可　4.再改進）

封面設計____　版面編排____　內容____　文／譯筆____　價格____

讀完書後您覺得：

□很有收穫　□有收穫　□收穫不多　□沒收穫

對我們的建議：________________________________

____

____

____

請貼
郵票

11466
台北市內湖區瑞光路 76 巷 65 號 1 樓
秀威資訊科技股份有限公司 收
BOD 數位出版事業部

（請沿線對折寄回，謝謝！）

姓　　名：＿＿＿＿＿＿＿＿＿　年齡：＿＿＿＿　性別：□女　□男

郵遞區號：□□□□□

地　　址：＿＿＿＿＿＿＿＿＿＿＿＿＿＿＿＿＿＿＿＿＿＿＿＿

聯絡電話：(日) ＿＿＿＿＿＿＿＿＿＿＿＿ (夜) ＿＿＿＿＿＿＿＿＿＿＿＿

E-mail：＿＿＿＿＿＿＿＿＿＿＿＿＿＿＿＿＿＿＿＿＿＿＿＿